数字法学高端讲演录（二）

周长军　郑智航　主编

山东大学出版社
SHANDONG UNIVERSITY PRESS
·济南·

图书在版编目(CIP)数据

数字法学高端讲演录. 二 / 周长军,郑智航主编. 济南：山东大学出版社,2025. 3. -- ISBN 978-7-5607-8464-9

Ⅰ. D912.17-53

中国国家版本馆 CIP 数据核字第 2024WD3592 号

责任编辑 肖世伟
文案编辑 孙婷婷
封面设计 蓝海文化

数字法学高端讲演录(二)

SHUZI FAXUE GAODUAN JIANGYANLU (ER)

出版发行 山东大学出版社
社　　址 山东省济南市山大南路 20 号
邮政编码 250100
发行热线 (0531)88363008
经　　销 新华书店
印　　刷 济南乾丰云印刷科技有限公司
规　　格 720 毫米×1000 毫米 1/16
　　　　 12.5 印张 190 千字
版　　次 2025 年 3 月第 1 版
印　　次 2025 年 3 月第 1 次印刷
定　　价 51.00 元

序

自1946年世界上第一台现代电子数字计算机埃尼阿克(ENIAC)开启人类社会数字化进程以来,经过七十余年的发展,人类已经迈入Web 3.0时代,大数据、人工智能、区块链、物联网等数据运用在社会各领域取得了突飞猛进的发展。数字技术应用一方面带来了传统人际交往与社会合作方式的变化,并塑造了新兴的政治结构、经济形态和社会关系;另一方面,数字技术改变了知识生产的底层逻辑,人类观察、认识和改造世界的方式发生了深刻变革。

在国家治理领域,数字技术已经成为实现国家治理能力现代化的重要推动力量。习近平总书记指出:"运用大数据、云计算、区块链、人工智能等前沿技术推动城市管理手段、管理模式、管理理念创新,从数字化到智能化再到智慧化,让城市更聪明一些、更智慧一些,是推动城市治理体系和治理能力现代化的必由之路,前景广阔。"通过数字政府、数字社会、智慧城市、数字乡村等数字技术与国家治理领域的深度融合,数字技术赋能政府职能行使和社会结构调整,并推动实现国家治理的科学化、精细化、高效化、智能化。国家治理的理念、角色、原则和方式也随之发生相应变化,并实现了数字技术与国家制度的良性互动。

与此同时,数字技术给国家治理带来了巨大风险和挑战。以信息处理和算法运行为核心的数字技术塑造了与现实物理世界同构的虚拟网络空间,从而呈现一种虚实同构的社会形态。具体来说,社会主体的行为轨迹被随时追踪,数字画像将社会主体分为三六九等,海量信息推送让人手足无措,数字弱势群体成为被忽略的对象等风险,构成了数字社会的现实映像。除此之外,数字技术不但在一定程度上加剧了传统国家治理在政府管理、资源分配、社会结构等领域的问题,也带来了隐私泄漏、算法黑箱、数字鸿沟、算法歧视等新兴挑战。因此，我们既需要拥抱新兴数据技术带来的文明进步，享受新兴数字技术带来的文明成果，也要预防并规制其可能带来的风险与损害，以期实现真正的数据正义。

自2014年党的十八届四中全会首次专题研究依法治国问题以来，关于如何才能全面推进依法治国的讨论日益增多。党的十九大以后，全面推进依法治国上升为国家的一项基本战略，坚持并完善中国特色社会主义法治体系成为推进国家治理体系和治理能力现代化的重要方面。依托数字技术对数据进行采集、挖掘、分析和应用，既是推进国家治理现代化的方式，也是国家治理的重要对象。为了实现这一目标，法学研究需要进行研究思路、研究方法、研究内容等方面的革新，注重开展交叉学科的研究，以良法善治回应数字时代的社会发展需求。

在此背景下，山东大学法学院领衔，联合山东大学信息科学与工程学院、网络安全学院、数据科学研究院的科研骨干，共同成立了“全面依法治国战略实施中的数据运用与数据治理”创新团队，以便不同学科在分析技术、信息技术、网络安全技术等的加持下开展交叉学科研究，以充分发掘数据及其相关技术在立法、执法、司法等领域中运用的可能性及路径，有力推进新文科和新法科的建设。该团队于2021年获批山东大学第一批人文社会科学创新团队资助建设团队。

党的二十大报告提出“加快建设网络强国、数字中国”的任务，这一远景目标的实现迫切需要数字法治的智识支撑。为促进数字法学的学术交流与学科发展，本团队组织了“数据法学高端论坛”“数字法治青年大讲堂”等一系列学术活动。本书既有信息文明的宏观法治构想，又有数字权益保护的微观规则设定；既有数字法学前沿问题的理论探讨，又有数字技术对法律适用的实务阐述；既有理论法学的知识梳理，又有部门法学面临的数字技术挑战。参与其中的学界同仁贡献自己的知识与见解，达成了一些学术共识，也存在观点和意见的交锋，宏旨高论，精彩纷呈。为促进知识传播，也为在数字时代留下纸质的印记，我们将相关学术活动的实录编辑成册，以飨读者。

是为序。

编　者

2024年8月

目　录

数据资源配置与数据权利保障

开幕式

主讲人：于向明　山东大学法学院党委书记

致辞人：黄凯南　山东大学人文社科研究院院长

刘　健　山东大学人事部部长、人才工作办公室主任

刘树德　最高人民法院审管办副主任

马长山　华东政法大学数字法治研究院院长

周长军　山东大学法学院院长、“全面依法治国战略实施中的数据运用与数据治理”创新团队首席专家

于向明

尊敬的树德主任、长山教授、凯南院长、刘健部长，各位与会嘉宾，老师们、博士后们、同学们，大家上午好。

今天大家相聚“云上”，共同参加数字时代的智能司法学术研讨会。今天的学术研讨会和以往不同，它既是一个高端的学术论坛，也是一个博士后的交叉创新论坛。出席论坛的各位专家有，各个高院的青年才俊，腾讯法律部门的专家领导，法学期刊主编，以及相当数量的博士后、博士生。在这里请各位前辈给青年人多多指导，不吝赐教。

今天的第一个环节，请华东政法大学数字法治研究院院长马长山教授致辞。有请马教授！

马长山

今天会议的主题是数字时代的智能司法，以下将围绕“数字司法如何更好地维护数字正义”进行三点汇报。

第一，进入数字时代，政治、经济、生活的方方面面都在数字化。从《法治政府建设实施纲要（2021—2025 年）》明确提出“建设数字法治政府”的表述，到检察机关的“数字检察”以及浙江的“全域数字法院”改革，意味着从行政机关到司法机关都在进行数字化转型。数字化转型不仅仅是一种数字技术的简单应用，更是一种目标性的重大转型，通过数字技术的应用实现体制机制和流程再造。其中，“数据”和“算法”具有非常重要的地位和作用。

第二，基于“数据”和“算法”成为数字法治政府、数字司法的重要元素和支撑，如何实现正义也随之成为一个难题。建设数字法治政府、数字司法的目标，不仅仅是技术应用，更是让技术更好地服务于“公正执法”与“公正司法”，实现数字正义。目前，规范数据的有《个人信息保护法》《数据安全法》《网络安全法》等法律，但规范算法的只有网信办、工信部、公安部和市场监管总局联合发布的《互联网信息服务算法推荐管理规定》，规格不高且规范范围有限。从条文内容看，规范的主要是商业算法，公共算法如行政机关、司法机关使用的算法则未被包括在内。如何更好地规范数据和算法就成为行政机关、司法机关运用数据和算法来实现数字正义中的重要一环。

第三，司法机关应该发挥更积极的作用。2022 年 6 月，最高人民检察院检察长在全国检察工作会议上提出“以数字革命驱动新时代检察工作高质量发展”。这是一个重大变革，意味着要把虽然活跃但总体上还沉睡着的各类数据唤醒，对其进行观点分析、深度挖掘，从个案监督变成类案监督。针对如何让上述变革有规可循，检察机关进行了深入探索，尤其在浙江省进行了相关试点工作。目前，最高人民法院发布了《关于规范和加强人工智能司法应用的意见》，明确提出了一系列规则，如安全合法，保护个人信息不受侵害，网络安全，要公平公正讲真理，智能服务要没有歧视、没有偏见、公开透明等。检察机关也按照部署大力推进数字检察，从个人监督变成类案监督，由被动变主动，由办理向自理转变。同时，检察机关还应对公共算法行使检察权，提出检察建议或支持起诉以形成监督机制。另外，国家应当立法，将公共算法一并纳入法治轨道,才能更好地实现数字正义。

以上是我的汇报,请各位领导、专家多加批评指正。

谢谢。

于向明

谢谢长山教授的致辞,非常感谢长山教授在百忙之中出席我们的论坛。

接下来有请山东大学人文社科研究院院长黄凯南教授致辞。

黄凯南

谢谢。尊敬的刘树德主任、马长山教授,各位嘉宾,老师们、同学们,大家上午好。

今天,我们云端相聚,参加"全国依法治国战略实施中的数据治理与数据的权利保障高端论坛暨山东大学博士后交叉创新论坛数字时代的智能司法学术研讨会",首先我向各位嘉宾的到来表示热烈的欢迎和衷心的感谢。我想借此机会,简单给各位汇报一下山东大学人文社科发展的情况。

学科建设方面,山东大学人文社科在新一轮"双一流"建设中谋划了三个学科群。第一个是"中国语言文学与中国古典学术"的学科群,其中中国语言文学是我们建设的一流学科。第二个是"中国特色经济学高质量发展"学科群。第三个是"马克思主义与国家治理"学科群。法学院以及长军教授带领的团队就属于"马克思主义与国家治理"学科群的骨干力量。这几年,山东大学人文社科各种科研指标、立项指标包括国家社科的重大项目、一般项目以及教育部的项目等都位居全国前十。今年山东大学拿到国家社科重大项目 11 项,还有一个委托项目,总共有 12 项;重点项目包括后期资助项目 9 项。共有 21 项,总体处于稳步提升的过程。

新型智库方面,我们在积极探索新型智库建设,制定了《山东大学智库成果认定办法》以及《山东大学特色智库建设意见》,重点建设了国家治理研究院、黄河国家治理研究院、国际问题研究院等校际平台。打造服务山东高质量发展的山大智库体系,一批智库成果获得党和国家领导人及山东省主要领导的批示,这几年的智库建设取得了比较好的成绩。同时,学校也加快文科实验室建设,今年有 9 个文科实验室列入山东省高校实验室。

学术成果方面，2019年以来，山东大学有300多项成果获得省部级以上奖励，其中20项成果获得高等学校科研优秀成果奖。此外，学校也积极发挥文史见长的优势，参与很多国家重大文化工程项目，比如永乐大典的综合整理等。

在新的发展阶段，深入学习贯彻党的二十大精神，将研究诠释宣传党的二十大精神作为今后一段时间的重要任务，我们也会继续深入学习贯彻习近平总书记给《文史哲》编辑部全体编辑人员的重要指示精神，以“十四五”规划和新一轮“双一流”建设方案为蓝图，在建构中国自主的知识体系和构建中国特色哲学社会科学体系当中作出积极贡献，加快推动哲学社会科学的高质量发展。

从党的十八届四中全会首次专题研究“依法治国”的问题以来，关于如何全面推进依法治国的讨论日益增多。党的十九大以后，“全面推进依法治国”上升为国家基本战略，坚持并完善中国特色社会主义法治体系成为推进国家治理体系和治理能力现代化的重要方面。依托数字技术对数据进行采集、挖掘、分析和应用，既是推进国家治理现代化的方式，也是国家治理的重要对象。党的二十大报告中提出要加快建设网络强国、数字中国的任务，这一严谨目标迫切需要数字法治研究的支撑。

今天，我们相聚于此，探讨“全面依法治国战略中的数字治理与数字权利保障”，期待与会专家学者和各位来宾畅所欲言，贡献智慧。预祝本次论坛取得丰硕成果，也感谢各位领导、各位专家长期以来对山东大学人文社科发展的关心、支持和帮助，祝愿大家工作顺利，身体安康。

谢谢大家。

于向明

谢谢凯南教授，作为山大人文社科的掌舵人，凯南教授对山大法学学科的发展给予了非常多的指导和支持。特别是今天全面依法治国战略实施中的数据应用与数据治理创新团队，从组建到目前工作的顺利进行都离不开凯南教授的大力支持，非常感谢。

接下来有请山东大学人事部部长、人才工作办公室主任、青岛校区人事处处长刘健教授致辞。

刘健

刘树德主任、马长山教授，各位嘉宾、各位老师，各位博士后，各位同学，上午好。

人事部作为博士后的服务管理单位，非常高兴今天有此盛会，欢迎各位嘉宾、各位同学参加"全面依法治国战略实施中的数据治理与数据权利保障2022年高端论坛暨山东大学博士后交叉创新论坛数字时代的智能司法"学术研讨会。

随着学科体系的不断完善和各学科内容的不断健全，学科交叉研究的重要性日益凸显。当今世界前沿的重大突破、重大原创性科研成果，大多数都产生于不同学科之间的相互渗透，深度交叉融合。世界各国一流大学都将学科交叉作为未来科技发展的战略方向和政策支持的战略重点。而且，相比于博士阶段的学习研究，博士后工作更强调对某一社会或科技问题的全面深入细致的探究，尤其需要学术交叉融合的新视角、新方法。

我非常高兴地注意到本次云端盛会邀请到理论界和实务界、人文社科和理工科的著名专家学者，包括具有优秀的实务专业和良好发展潜力的青年学者，共同就数字时代的智能司法进行深入探讨。山东大学高度重视博士后的培养工作。校内设立了特别资助类、重点资助类和一般资助类项目，对于每一类型的博士后，山东大学都给予了具有竞争性的年薪。比如特别资助类的博士后，山东大学提供至少30万元以上的年薪，青岛市也会给予每年8.4万元的支持。同时，课题组也会有相关支持。为了提升博士后工作期间的质量，学校专门制定了政策，积极鼓励博士后在站期间进行交叉研究，并要求其在具体研究中以问题为导向，以学科交叉为手段，以研究领域为依托，以追求创新为目的开展研究。同时，为推动各单位落实有关博士后阶段开展交叉研究的政策，还在学校层面设立了山东大学博士后交叉论坛，每年定期举办。山东大学也为主办单位和教学团队提供专门的经费用于研讨。

同时，法学院在人才建设、博士后培育，包括学科建设等方面的成果一直非常突出。在人才队伍建设方面，2022年度法学院就引进了1名国家海外特聘专家、1名山东大学讲席教授和1名山东大学特聘教授，同时引进多名研究员、副研究员。2023 年招收 5 名统招博士后，重点资助类 3 人和项目资助类 2 人，大大补充了学院师资研究力量。团队建设方面，刚才凯南院长已经介绍，法学院成立了“全面依法治国战略实施中的数据应用与数据治理”研究团队，与山东省高级人民法院合作成立了山东大学交叉法学院研究院，聘请法学院教师和学校其他相关教师共同担任研究员，这些在全校学科交叉研究中都具有鲜明特色。研究领域方面，法学院的主题数字经济和数字社会发展也非常具有特色，法学院深入推进法学研究和教学，组织筹建了模拟实验室，这些都为广大博士后提供了便捷的学术研究平台。

当然，博士后研究仅仅是学术生涯的一个时期，学科交叉研究更是任重道远。在接下来的工作和科研中，山东大学以及法学院还有很多工作要做，当然我们有良好的基础和充分的信心做好这些工作，而且我们也相信在学科交叉博士后研究培养方面法学院今后会做得更好，我们将始终如一地对其提供支持。

最后，衷心祝愿本次研讨活动圆满成功，谢谢各位。

于向明

谢谢刘健部长。刘健部长工作思路非常清晰，这几年山大人才工作做得非常出色，引进了大批高端人才，为山大的“双一流”建设奠定了坚实基础。

今天的论坛承办单位之一就是山东大学法学博士后流动站，我们也得益于山大制定的博士后政策，在博士后队伍建设方面有了一定的收获。非常感谢刘健部长。

接下来有请最高人民法院审管办副主任刘树德教授致辞。

刘树德

谢谢于书记。尊敬的马院长、刘部长、周长军院长，很高兴今天有机会跟大家一起学习交流。

随着 5G 互联网、云计算、大数据、人工智能等信息技术的发展，人类已经进入了数字经济时代，这是继农业经济、工业经济之后的一种崭新的经济社会发展形态。经济基础决定上层建筑，无论是数字法治、数字治理、数字政治、数字人权等宏观问题，还是数据权属、数据安全、隐私保护等中观、微观问题都日益凸显，亟须全体法律同仁勠力同心加以研究。特别感谢今天有这样的机会跟大家学习交流，我在这里谈三点意见。

一、数据治理和数据权利司法保障中存在的困难和问题

第一点是立法不明确导致数字产业孤岛化的问题非常突出，特别从司法审判的角度，数据在当前流通中难以达到分享、协同发展的效果。尤其就政法领域而言，公安、检察、法院、司法行政等方面也同样存在数据的孤岛化问题。

第二点是数据权属方面的问题。数据企业对数据权属问题存在较大疑问，对权属外延尚不清晰，国家立法部门等对权利义务配置尚不明确；此外，最高人民法院这几年司法公开，包括审判流程等方面形成大量数据，其权属问题也值得进一步研究。

第三点是大数据汇聚存在的被违法采集和信息泄露风险问题。自裁判文书网运行以来，这方面的问题越来越得到社会各界的广泛关注。

二、人民法院加强数据治理和数据权利司法保障的实践

近年来，人民法院深入实施国家大数据战略，完善数据产权保护制度，探索制定数据资源确权、开放、流通、交易相关制度，不断加大技术专利、数字版权、数字内容产品及个人隐私保护力度，为促进数字经济的高质量发展提供坚强的司法保障。

第一点是推进数字治理的法治化。在党中央决策部署下，在全球率先成立了杭州、北京、广州互联网法院，实行网上案件网上审理，提供从诉前调解到立案、审判、送达、执行的全流程在线服务。在案件审理、平台建设、技术应用、诉讼机制、裁判规则等方面，探索形成一系列有益经验。充分发挥互联网法院作为互联网司法规则制度试验田的作用，依法审理中国属地大数据权首案、人工智能著作权案、网络游戏著作权案等等，确定数据资源确权、流通、交易行为规则及权利保护规则，惩戒相关侵权行为。以个案裁判树立行为规则，提供价值判断，明确权利义务边界。

第二点是以裁判规则补强法律规则体系。在全球率先出台在线诉讼、在线调解、在线运行三大规则，完成由实践探索到规则体系的构建。最高人民法院发布了互联网法院审理案件的司法解释，对电子送达规则、电子证据审查标准、庭审方式改革等做了指引，完善了电子诉讼规则体系，让当事人足不出户，随时随地就能参与诉讼，切实维护好互联网时代的群众合法权益。通过裁判规则补强法律规则体系，满足数字经济适应诉讼形态的需要，积极推动诉讼规则制度在在线化、数字化、开放化、便捷化等方面与时俱进。

第三点是推进现代信息技术与审判执行制度深度融合。紧跟数字时代步伐，实行全业务网上办理、全流程依法公开、全方位智能服务的智慧法院信息系统，开创中国特色、世界领先的互联网司法新模式。依托大数据、人工智能、区块链等现代技术，着力建设多功能全流程一体化的电子诉讼平台，广泛应用技术通信、人脸识别、图像识别等技术，提供从起诉、调解、立案到审判、送达、执行等全流程在线服务，将区块链技术深度融入互联网司法，建设人民法院司法区块链统一平台，完成超过 1.8 亿条数据上链存证固证，实现电子数据全链路可信、全节点见证、全流程留痕，有效解决诉讼中存证难、取证难、认证难等问题，为法官查明案件事实、准确适用法律创造条件，大大提高审判效率，极大地方便群众诉讼。

三、顺应时代发展，深入推进数据治理和数据权利的司法保障

一是要完善数据治理裁判规则。通过出台相关司法解释和规范性文件等方式，进一步明确民事主体依法自主处分管理交易自身数据和自身持有控制数据行为。进一步明确数据利用行为主体，不得利用公共数据行使不正当行为或危害社会利益和其他主体合法权益，以及损害数据原始主体的合法权益的行为。数据利用行为主体行使自身权利时，不得违反商业道德与损害社会公序良俗。社会数据利用行为主体应当促进数据流通与共享，避免数据流通停滞，滥用自身数据相关权利。人民法院审理数据利用行为纠纷案件，在依法行使自由裁量权的时候，应当兼顾权利人和社会公众的利益。

二是要加强数据产权的司法保护。例如，对大数据、数据库等汇编主体的保护：民事主体通过自主开发的处理算法，对数据进行清洗、关联，应当肯定其享有该数据处理成果的著作权。又如，基于临界权简单的数据搜集行为，人民法院应当保护其劳动成果。再如，实施专利法保护大数据算法及大数据技术，符合新的技术方案要件的，应当赋予其专利权。还有加强对商业秘密的保护。经营者有保密措施的，并且有相当价值的商业用途的数据，应当视为商业秘密保护。

三是充分发挥司法建议的效能，助推数据治理多元路径的联动集成。例如，通过立法完善赋予相应的被遗忘权。数据利用主体搜集自然人的数据应当征得对方同意，并从实告知数据用途及管理方法。自然人同意后，除影响国家安全和公共利益的情况之外，数据利用行为主体应当对存储的数据进行及时有效删除。借此也跟大家提出一个相应的研究课题，比如刑事裁判文书里面，一些轻罪特别是过失犯罪，有无必要将裁判文书挂在网上？若要撤下来，有没有相应规则？新加坡、美国的一些州都有相关立法，我国最高人民法院审管办负责管理。再如，健全数据行业、自治组织与业务标准体系，完善数据治理和权益保障的技术手段，例如对爬虫等方面的规制，搜集其他民事主体的数据时，应当在技术手段上遵循行业习惯、商业道德及社会公序良俗。数据采集方采集其他数据主体的数据时，如果其他数据主体有明示拒绝的行为，数据采集方不得继续采集。

各位与会代表，借此机会，提出上述三点不成熟的意见。加强全面依法治国战略实施中的数据治理和数据权利保障是一个很有现实价值、实践价值和理论价值的重大课题，它既是数据经济创新发展的时代潮流，也是历史前进的大势所趋，让我们以此会议为契机，进一步深化交流合作，特别是深化山东大学法学院和最高人民法院审管办的交流沟通，借此共同推动全国全面依法治国战略实施中的数据治理和数据权利保障。以上意见不成熟的地方，请大家批评指正。

谢谢各位。

于向明

谢谢树德主任，非常感谢您在百忙之中出席这个论坛。上述三点意见对我们今后开展法学研究有很大的指导意义，也为广大年轻人开展研究提供了实现路径。山大法学院一直以来很感谢最高人民法院的支持，去年周强院长亲临学院指导工作，让我们倍感振奋、备受鼓舞。由于疫情影响，这次论坛只能采取线上交流的方式，期待各位专家学者莅临青岛校区给我们更好的指导和交流。

接下来有请创新团队的首席专家、山大法学院院长周长军教授致辞。

周长军

尊敬的刘树德主任、马长山教授、黄凯南院长、刘健部长，尊敬的各位专家学者，以及线上参会的各位老师和同学，大家上午好。首先代表法学学科的全体师生和“全面依法治国战略中的数据应用和数据治理创新团队”的全体成员对各位领导和专家学者百忙之中拨冗参会表示诚挚的敬意，对大家长期以来对山东大学法学学科的各项工作所给予的大力支持和帮助，表示衷心的感谢。

信息化时代，数据应用与数据治理、数据赋能与数据监管、数字正义与数字法治等主题的研究，显得特别重要和迫切。新文科也是在此背景下，基于回应科技发展的需要以及加强中国法学自主知识体系、学科体系、话语体系建构的需要提出的一种文科建设理念，法学或者说新法学、新法科，也是新文科的重要组成部分。山东大学作为教育部新文科建设工作组和全国新文科教育研究中心所在的单位，高度重视数据法学的研究工作，并较早组织和开始了这方面的研究。2021 年 4 月，山东大学法学学科联合山东大学信息学院、网络安全学院和《山东大学学报》（人文社科版）编辑部、数据科学研究院等单位，申报并获批山东大学首批人文社科创新团队——全面依法治国战略实施中的数据应用与数据治理创新团队。首批创新团队当时是 6 个，我们是其中之一。获批研究团队以后，我们随即开展了一系列相关研究工作，在强化相关队伍建设的同时开办了“数据法学系列高端论坛”和“数字法学青年论坛”。在学院组编的《人权研究》（CSSCI 集刊）中专门开设数字人权的专栏。另外，最近也和北京大学出版社等机构合作出版系列的数据法学的文丛和译丛，目前第一本文丛正在校对之中。

今天的论坛是创新团队在数据法学研究方面的一次检阅，也是学院推进博士后研究工作的一次努力。相信此次高端论坛的举办，必将助推我院数据法学研究和博士后工作快速发展。

马长山教授是目前国内公认的数字法学研究的领军人物，大家对他的学术观点和系列著作都有关注和阅读。刚才在开幕式致辞环节，马长山教授围绕数据研究的重要性、相关规范的规制不足，以及司法系统正在开展的相关有效工作和采取的改革举措谈了三点精辟的看法。

刘树德主任曾在最高人民法院司法改革办公室工作多年，目前任最高人民法院审管办副主任。刘主任是我的师兄，他虽一直在实务部门工作，但研究成果颇丰，特别是在司法规则、裁判规则等方面撰写了非常多的有影响力的论著。他从实务的角度对数据法学讲了三个方面的看法和意见。第一个方面涉及目前数据实务中的三大问题——数据产业的孤岛化现象、数据权属问题以及大数据违法采集和数据泄露问题。第二个方面是介绍了法院系统在数据运用和数据治理方面的实践，包括互联网司法、互联网规则、智慧司法建设等。第三个方面是提出了完善数据治理方面的思考，特别是提出了相关研究课题，比如关于裁判文书上网是否要做区分，轻罪、过失犯罪的有关裁判文书是否要一直挂在网上，等等。这涉及相关的利益、价值衡量，值得研究。相信大家听了以后会得到非常多的启发。

希望数据法学研究团队下一步的研究工作能够继续得到马长山教授和刘树德主任的支持，也期待各位专家学者在接下来的会议交流中畅所欲言，贡献真知灼见。

最后，预祝本次论坛取得圆满成功，祝各位专家学者身体健康，工作愉快，生活幸福。

谢谢大家。

于向明

谢谢长军院长。相信创新团队在树德主任、长山教授、凯南院长、刘健部长及各位专家的大力支持下，在长军院长的带领下，一定能取得很好的成绩，为山大法学学科建设、为山大的“双一流”建设作出法学贡献。

谢谢各位嘉宾，第一个环节到此结束，接下来是大会主旨报告环节。请西北政法大学教授、《法律科学》主编杨建军教授主持。

大会主旨报告（一）

主讲人：杨建军　西北政法大学教授、《法律科学》主编

报告人：胡　铭　浙江大学光华法学院常务副院长、教授

题　目：大数据法律监督中的数据治理和数据权利保障

报告人：江　波　腾讯集团法务副总裁

题　　目：新趋势、新挑战中的数据隐私合规

报告人：魏　建　山东大学人文社科期刊社社长、《山东大学学报》（哲学社会科学版）主编

题　　目：网络平台的选择性版权保护行为

报告人：支振锋　中国社会科学院法学研究所研究员、《环球法律评论》副主编

题　　目：数据资源——权益配置与风险防控

报告人：叶高芬　山东大学法学院研究员

题　　目：数字经济的反垄断监管——以“平台封禁”为例

杨建军

大家好，本单元的主旨报告总共有五位发言人，第一位发言人是浙江大学光华法学院常务副院长胡铭教授，题目是“大数据法律监督中的数据治理和数据权利保障”，有请胡老师。

胡铭

“数据”是当前的热点问题，马长山教授、周长军教授的报告给我们提供了很多思考。我的报告从“检察机关的大数据法律监督”切入，再从“数据的治理和数据权利”切出。

一、检察机关的大数据法律监督实践

检察机关的职能在此轮司法体制改革中变化很大。较长一段时间内，关于检察机关的整体定位以及如何发挥检察机关的作用，如何实现宪法所确立的法律监督地位有很多不明晰和争议之处。在此背景下，检察机关在大数据法律监督方面进行了积极尝试。实践当中主要有这样几个变化。

第一，检察机关法律监督的范围大大拓展。以前，检察机关法律监督的重心是刑事诉讼监督，围绕着追诉犯罪过程中国家公权力机关可能存在的问题进行监督。改革以后，诉讼监督开始转向了社会治理，范围得以扩展甚至已经超出了法学的领域。检察机关以公共利益代表的立场，对环境保护、食品安全、国有资产安全等领域采用相关法律措施进行监督。比如浙江绍

兴某检察机关对非标油的治理，通过法律监督为国家挽回了上千亿元的经济损失。

第二，检察机关从被动监督转向主动监督。检察机关传统的法律监督大多以案件当事人的举报申诉和诉讼程序中的问题为线索，这种监督模式较为被动，监督线索的来源不够稳定，检察机关法律监督工作常处于疲软状态。这种局面伴随着数字检察系统与平台的运用迎来了改变，开始走向积极监督的模式。基于大数据预测的精准性，在提高刑事司法系统的准确性、公平性以及提升效率等方面显示出巨大的潜力，有助于推动刑事司法系统积极发展。因此，以大数据、人工智能技术为代表的现代信息技术，为积极主义法律监督提供了可能性工具。

第三，监督方法从个案监督转向类案监督。数字时代的检察监督获取案件信息的渠道被打开，监督范围更加广泛。在大数据平台的辅助下，检察机关在检察监督策略上已经由以个案监督为主转向以类案监督为主。类案监督的方式聚焦案件的全过程，使许多问题在进入诉讼程序前被发现，使检察监督由事后监督转变为事中监督，甚至是一定程度的事前监督。如此不仅有助于进行专项监督整治，还有助于杜绝、防止更多类似个案发生。

第四，监督质效开始提升。检察监督从原本的"事后监督"越来越前移，延伸到"过程监督"以及"事前监督"。虽然"事前监督"在学理上仍存在较大争议，但可以看到的是，检察监督正经历着从事后审批变成整个诉讼甚至整个治理过程中的亲历性监督。

二、数据的治理和数据权利

上述变化带来了监督效率的提升，但也带来了令人担忧的隐患。在这种数据治理的理念下，数据权利的保障应该如何实现？我们知道，数据治理的最终目的是提升数据质量，实现数字战略。此种理念对检察机关法律监督的能力提升有重要作用，但也涉及数据权利的问题。

第一，数据人格权问题。这涉及宪法规定的"公民人格尊严不受侵犯"的问题，包括数据知情的同意权、数据修改权以及数据的被遗忘权。裁判文书上网以后，是不是到了一定时间要删除？自动化处理的个人数据，如疫情相关数据，如何能够在事后被遗忘？这些都属于数据的人格权问题。而在法律监督过程中，海量公民数据的搜集和法律规定的一系列数据人格权常常有所出入。

第二,数据财产权问题。包括数据的采集权、数据的可携带权、数据的使用权和收益权等相关权利。检察机关搜集的一系列数据在权属方面的边界何在,现在还没有明确的法律规定。但涉及的公民的上述权利可能和检察机关的法律监督权形成对抗及冲突。

因此,研究检察机关大数据法律监督的同时,要对上述重要的法律所证实的权利进行研究和保护,以此来厘定边界,引入比例原则,并明确相关的法律规范。

我的汇报就到这里,谢谢大家。

杨建军

下面有请会议的第二位发言人腾讯集团法务副总裁江波,报告题目是“新趋势、新挑战中的数据隐私合规”。

江波

本次会议主题有两个,一是数据治理,二是智慧司法。我报告的主要内容是智慧司法的演进和展望。腾讯公司从2018年开始就和山大法学院一起做一些智慧法院、智慧司法的工作,今天跟大家分享一下我们这几年来的思考路径。

长久以来,法律和科技之间的关系一直比较微妙,法律行业与科技融合的程度也比较缓慢。其中有两个原因:第一,法律工作是高度依赖经验的脑力活动,对技术的使用没有天然的需求;第二,司法是精英化的活动,从行业发展的角度来看,其对技术的使用意愿也较弱。然而,近二十年来,法律与科技的关系发生了重大转折,各个国家尤其是中国,司法机关对科技工具的使用开始越来越突出。转变的原因也有以下两点。第一,随着中国现代化的不断发展,人民群众的法律意识、权利保障需求不断增加,造成诉讼案件量爆发式增长。尤其是沿海地区法院,法官人均结案的数量是巨大的。如深圳法院,2021年立案总数是64万件,法官人均结案数是466件。若不借助科技化的手段,法官很难完成这些案件。第二,大数据、人工智能、区块链等技术发展使技术和法律找到了结合点,科技开始有能力和机会融入法律环境中。由此，法律和科技的融合度也越来越高。对此我有两方面感想。

一、司法科技发展由系统化、线上化变革为有挑战的智能化

我国法律和科技融合的第一阶段是司法系统化建设，从完全纸质办案到将纸质案卷输入系统。第二阶段是司法服务线上化，法官、律师、当事人都可以在互联网上进行司法诉讼。我国目前处于第三个阶段，即司法的智能化。司法智能化是指以区块链、大数据、人工智能等现代化的信息科技手段为基础，具有智能识别、智能计算、智能决策的多种功能的模式。此阶段和前两个阶段的核心区别在于司法服务会更加积极寻求利用技术手段推动司法流程的重塑和司法模式的变革。第三阶段是量变到质变的阶段，这些新技术的应用会为智慧司法带来跨越式发展的机会。其中较为突出的是区块链应用技术，其与司法应用场景天然吻合。区块链的特点是不得篡改、分布式存储、不可逆，这些特点和司法活动对证据的真实性、完整性和链条性的要求是天然契合的。从这个角度讲，未来区块链技术的大规模使用一定会对司法活动产生深刻影响。

二、代码即法律

这也是后期智慧司法活动的重要演进趋势。比如电商平台的交易量已经超过了线下商品交易量，但是为什么电商真正的纠纷比例是非常低的？技术、社会发展到今天，已经给法律工作者带来了一些新的机遇和挑战。

我希望和期待这十分钟简单的汇报能够给大家一些启发，让我们一起携手共同参与中国司法信息化进程，也为中国智慧司法的发展贡献更多力量，谢谢大家。

杨建军

感谢江波副总裁。第三位报告人是山东大学人文社科期刊社社长、《山东大学学报》(人文社科版)魏建主编，有请。

魏建

谢谢杨老师。今天向大家汇报的主题是“网络平台的选择性版权保护行为——以B站搜索算法为例”，和刚才讲的“代码即法律”问题是密切相关的。

对算法的关注已由原来的讨论进入了目前治理的阶段。特别是在网络上版权的侵权行为日益泛滥的今天，借助算法打击或者抑制盗版行为成为必然选择。但是算法本身是平台开发的，这就使平台陷入困境。当前有很多研究，就不一一展开综述了。但是，对于算法的研究，基本是法理型解释学的讨论，很少有实证研究。我们的基本思路是：开展实证研究，探讨平台利用算法区别对待不同的版权作品时到底如何进行选择，其实际情况是什么样的。接下来我们就以B站的搜索引擎为基本数据来源。

目前国内短视频主流营业模式是"广告＋会员"模式。通过免费观看视频，吸引更多观众观看广告以提高广告收入，同时鼓励用户上传作品来吸引更多用户，之后再用算法对用户上传的各种作品进行排序并推荐。在此过程中算法发挥了很重要的作用，但由用户上传到网络的内容也存在侵权的潜在网络风险。尽管在避风港状态下平台可以不承担责任，但实际上这些作品仍存在着侵权的可能。多数长视频平台把主营业务转变为由自己开发或者分发正版影视作品，而B站就是典型的以用户上传作品作为核心竞争力、以UGC（User-Generated Content，用户生成内容）为主的运营模式，所以就会存在很大的潜在侵权风险。

UGC主要是对资讯、电影、电视剧、美食等热门小视频的剪辑再创作，形成了巨大的侵权风险。对正版影视作品的加工，使用户在几分钟之内就可以了解到影视的基本内容、精彩细节，对正版影视作品构成了替代。对于该行为是否构成合理使用，各国规定不一，日本等国主张严格禁止，而我国还存在争议。那么，当平台有治理侵权著作权的责任时，它是否能够担当起这个责任？平台可以利用算法和规则治理侵权，因此，平台就出现了选择性保护行为。它们对于自身拥有版权的作品采取相对自我优待的行为，而对没有版权的则采取提示或者差异性定价行为。利用搜索引擎推荐权重、网页信息展示排序等为自己谋求竞争优势，可以称之为"选择性版权保护行为"。

以用户在视频平台中的搜索结果排序来实证检验一下。当平台拥有某个电影作品的版权时，考虑到二次创作的作品有潜在替代性，平台算法会予以排序，当用户搜索时会优先看到平台拥有版权的作品，而不是用户上传的二次创作的作品。当平台不拥有这个版权时，就会把用户上传的剪辑类的二次创作类作品优先推荐给搜索者，以此提高用户留存率。所以，短视频平台的搜索算法存在潜在的版权保护行为。

从B站2014年到2018年收揽的1000多部影片来看，其拥有版权的有160部。根据搜索词可以看到，字越大曝光率越高，影视剪辑、影视杂谈、单机游戏等表现都很靠前。计量公式如下：被解释变量是排序位置，排序越靠前就越接近1，越靠后则越接近0。再看用户上传作品是否是B站拥有版权的，若是，相应的就有赋值。用户上传作品，B站分标签赋值，影视剪辑的赋值为1，影视杂谈的也赋值为1，其他的都赋值为0。通过回归分析发现，凡是拥有版权的，能够显著使用户上传的作品排序靠后；凡是没有版权的，会使用户上传作品的排序相对靠前，这在影视杂谈、影视剪辑中表现十分明显。这个结果可以得到直观的验证，即短视频平台存在着选择性保护行为，从而对于拥有版权的作品采取更好的保护。而对于没有拥有版权的作品，就采取某种程度上放任侵权存在的选择。因此，建议B站加大正版资源的投入，同时进一步明确算法责任。因为算法是不透明的，要自己举证证明尽到了责任。

更主要的是权利保护面临着更大挑战，这也是平台的困境，平台对拥有版权和没有版权的作品区别对待，虽说通过算法保护自己的利益天经地义，但也由此产生了经济学上的负外部性——权利保护的困境潜在侵害了其他版权人的利益。更广泛地来说，在网络世界、数字世界，我们对很多权利实现了保护，这其实都是建立在虚拟数据基础之上。权利形态的对世性被削弱甚至瓦解，我们所拥有的可能就是被平台允许使用的权利，当平台关闭、当平台不允许我们使用的时候，我们的权利就没法儿实现，没法儿得到有效保护，因此，我们的非自主性在加强。实际上这是整个数字时代对所有权利的保护，建立在它基础上的权利形成了新挑战，需要更进一步的深入研究。对平台本身而言，要科技向善，要通过伦理改变困境。但仅通过伦理是不够的，还需要建立更多的法律制度。

谢谢大家的聆听，也请大家关注《山东大学学报》(人文社科版)，特别欢迎法学基础理论研究领域的创新成果，期待大家赐稿。谢谢。

杨建军

谢谢。有请第四位发言人，中国社会科学院法学所教授、《环球法律评论》副主编支振锋，他发言的题目是“数据资源——权益配置与风险防控”。

支振锋

非常感谢建军教授的主持，也感谢山东大学法学院的邀请。下面我将围绕数据权益的配置问题，跟大家做一个简单的汇报和分享。

在数据的利用中，目前主流思路仍是权益分配思维或权利化的思维，这也符合从农业时代到工业时代以来对有形财富占有的思路。可是对数据进行权利化保护并利用的思路客观上存在很多困难。到目前为止，数据的交易都不是很成功，数据的利用仍然缺乏好的秩序。

数据权益配置存在难题的原因在于数据是生活的产物，但相较于较为贴近日常生活世界、生活常识的传统产权制度，其显得高度技术化、专业化和复杂化。因此，虽然《网络安全法》《数据安全法》《个人信息保护法》试图保护并鼓励数据的利用，但仍然存在着巨大不确定性和混乱性。这些年的发展把数据作为新型的第五大生产要素，特别是 2022 年 6 月 22 日中央全面深化改革委员会通过的《关于构建数据基础制度，更好发挥数据要素作用的意见》里提出建立数据产权制度，建立数据制度资源持有权、数据加工使用权、数据产品经营权等分置的产权运行机制，健全数据要素权益保护制度。应该说，我们对数据的权益认识不断进步，目前没有说一定要确立所谓的“数据产权”。但其中有很多问题，比如谁是持有者，怎么去持有，其内涵是什么。还有数据的加工使用，以及数据产品的经营，这个在理论上和制度构建上都有了新的思路。

目前从理论上和制度上都有了关于对数据进行权利化配置的思路，可是在实践中也遇到了很多难题。第一，目前实践中数据的商业流通和利用并不是完全按照现在的制度设计来进行的，所以在此过程中出现了种种乱象。正因为此，有必要反思对数据按照传统的有形财产和产权模式进行权利配置的局限性。另外，今天所讲的数据并不是传统的数据，而是网络数据，特别是利用信息技术带来的大数据。因此，数据资源应是一种什么样的资源？建议有如下几个思路的转换。

一、从传统单向的“权利思维”转向双向的“互惠思维”

这一转向主要有两点。第一点，目前在立法实践中，全世界都面临着大的混乱，比如没有严格地区分信息和数据。中国虽然在《网络安全法》中对个人信息进行了明确界定，在《数据安全法》中对数据进行了界定，似乎区分了个人信息和数据，但实际在立法中也没有严格地区分。是否可以区分“信息”和“数据”？根据是否能够识别相关主体的标准，如果实现足够脱敏和匿名化，不涉及个人信息的保护，就能为数据利用开拓更大的空间。第二点，对个人来讲，关于数据享有的是什么类型的权益？这里面主要是人格权益，而一般的不应该具有财产权益。要区分一对概念——“生产”和“产生”。我们不是数据的生产者，而是数据的产生者。“产生”和“生产”不是一回事，“产生数据”不一定会享有权利配置。另外，为什么是互惠思维呢？举个例子，东海桃花岛黄药师有500亩桃树，一公里外有另外一个小岛，岛上有养蜜蜂的，养蜂人的蜜蜂每年到桃花岛上采蜜，那么养蜂人要不要给黄药师付费呢？也就是说，黄药师对他的花蜜有没有享有权利？这是简单的互惠行为，如果没有蜜蜂采蜜，黄药师的桃树就结不出桃子，反之也不会产生蜂蜜。所以传统单向的权利思维要转化为互惠思维，这样才可能开拓出数据利用的更大空间。

二、从传统的“权益保护思维”转向新型的“秩序维护思维”

秩序维护并不是不保护数据，而是有一种新的思考。数据资源是一种新的资源，它和传统资源不一样。比如传统的化石能源、矿产能源，都是可以耗竭的，都是有限的。但是数据资源越用越多，不可耗竭。从这个意义上讲，它可能相当于传统的阳光和蜂，是一种无限的资源。但是和阳光、蜂还不完全一样，因为阳光和蜂不会越来越多，而数据是越来越多的。所以这种数据资源是一种全新的资源形态。如果从全新的资源形态去理解数据资源，那么这种资源首要的不是权益分配，而是利用资源的秩序，在数据资源的利用中进行风险防控以及权益和风险分配。

从单向的权利思维到双向的互惠思维，从传统的权益保护思维到新型的秩序维护思维，并不否定财产权益的存在，而是要对数据资源做细分。比如，要区分宏观的数据资源本身是不可进行权利化的，不可占有。但是对于采集数据而言，由于里面付出了劳动和投入而产生了数据资产，这里面是有权益的，至于对数据加工分析处理后所形成的数据产品，这里面也是可能有权益的。对数据加工分析的情报产品，也是有可能有权益的。所以宏观上，首先应该有互惠的思维，有资源秩序利用的思维，在此前提下进行开发，所形成的数据产品才有相应的权益，才存在权利保护的问题。

这是我今天分享的大体思路，请建军教授和各位专家多批评指正。

谢谢。

杨建军

感谢振锋教授富有哲理的、创新性的理论思考和贡献。接下来请第五位发言人，山东大学法学院研究员叶高芬老师发言，题目是“数字经济的反垄断监管——以‘平台封禁’为例”，有请叶老师。

叶高芬

感谢杨老师的介绍，非常高兴有机会跟各位领导、各位专家和各位老师、同学，一起讨论数据治理和数据权利保障的问题。

一、全球数字经济反垄断监管的趋势以及“平台封禁”问题

从数字经济反垄断监管情况来看，全球还是强势监管的趋势。2022 年 11 月初生效的欧盟《数字市场法》里面就规定了，根据平台用户数、规模等来定位或者确定“守门人”，并且“守门人”不得自我优待和扼杀并购等。德国通过《反限制竞争法（第十修正案）》提出了“跨市场竞争”的至关重要的概念，规定跨平台竞争的经营者不得自我优待和限制数据提供。美国也非常有代表性，新布兰代斯主义兴起，并执掌反垄断大权；美国国会还通过了《通过启用服务交换增强兼容性和竞争性法案》《美国创新与选择在线法案》等，对数字经济反垄断监管作出了相应规定。而英国的竞争监管机构 CMA 在监管机构内设立了数字市场部来专门监管数字平台是否影响竞争、影响创新。

2020 年 12 月，国内开始强化反垄断和防止资本无序扩张，相继有《关于平台经济领域的反垄断指南》出台、阿里巴巴被罚，还有《〈互联网平台落实主体责任指南〉征求意见稿》发布，以及国家反垄断局成立并为数字经济专设一个处等事件。2022 年 6 月，《中华人民共和国反垄断法》通过修订，同时有六个相关规章公开向社会征求意见。尽管顶层设计上为常态化监管做好准备，但是目前实际趋势还不够明朗。

数字经济反垄断监管有三个热点：一是平台封禁，二是平台自我优待，三是禁止扼杀和并购。与今天会议主题相关的是“平台封禁”。这在美国几个法案和报告当中都有所体现。欧盟的《数字市场法案》和《数据法案》规定了“守门人”的义务。我国修订的《反垄断法》《禁止滥用市场支配地位行为暂行规定》《关于平台经济领域的反垄断指南》对数字经济反垄断监管的平台封禁并没有专门规定，但在“拒绝交易”中有部分相关规定。值得一提的是，《互联网平台落实主体责任指南》第三条专门规定了“开发整体”。此外，2021 年工信部召开的屏蔽网址链接问题行政指导会也提出了三条互联互通的标准。

平台封禁的典型案例和热点事件是美国联邦贸易委员会(FTC)诉脸书一案，起因是脸书限制向竞争者提供数据接口。国内比较典型的是“头腾大战”，起因是腾讯的微信对抖音等平台没有进行直链，其中有很多争议的焦点。

二、平台封禁的竞争效应

平台封禁的竞争效应主要是损害竞争，阻碍短期竞争或静态竞争，可能提高市场壁垒，限制消费者的选择范围。但长远来看，也有促进竞争的方面，如可以提升产品的差异化程度，提升用户的隐私安全及平台的隐私保护水平。同时，可以抑制“搭便车”现象，激励投资、鼓励创新。

三、数字经济反垄断监管的应然状态

首先，欧盟、美国和我国国情不同，欧盟多年来错失了数字经济发展的好时期，没有大型的平台，强监管的措施其实是针对国外的，尤其是针对美国的互联网巨头。而美国则是“雷声大雨点小”，其司法体制可以作为较好的保障。因此，我国的反垄断监管不能盲从欧美。我国的顶层设计提出了“发展与规范并重”的指导方针，工信部等很多部门也介入了数字经济的监管。对平台封禁等新商业样态的规制方面，《反垄断法》可以涵盖，不必创设新的行为类型。对个案进行合理分析，不能盲从欧盟“守门人”强制监管的做法。其次，分析时要注意到平台大不是“原罪”，消费者虽然可能在选择范围上被限制，但长远来看允许“搭便车”将导致平台不愿投资创新。因此，要以效果原则为准则，注意经济学分析，建议适用“提高竞争对手成本”的衡量方法，进行“反事实状态”的分析。

报告结束，谢谢大家。

杨建军

感谢叶老师的扎实分析和深入的理论思考。感谢五位报告人，在你们的配合下，我们比较圆满地完成了任务。

下面把会议的主持权交给吴岩主编。

大会主旨报告（二）

主讲人：吴　岩　《法学论坛》副主编

报告人：彭中礼　中南大学法学院副院长、教授

题　目：数据错误的法律治理

报告人：张凌寒　中国政法大学教授

题　目：数据出境安全评估的法律性质与救济路径

报告人：谢登科　吉林大学法学院教授

题　目：非法电子数据排除的理论逻辑与制度建构——回归数字权利的程序性救济

报告人：宋保振　山东大学法学院副研究员

题　目：“数字弱势群体”权益的社会法保障

时　间：2022 年 12 月 17 日 08:30—11:30

方　式：腾讯会议

吴岩

谢谢杨教授。首先感谢主办方的邀请，在此也祝贺高端学术研讨会顺利召开。

下面进行大会主旨报告的第二部分，有四位教授作报告。下面有请第一位，中南大学法学院彭中礼教授作报告，有请。

彭中礼

谢谢尊敬的吴主编，我报告的题目是“数据错误的法律治理”。

一、问题的提出

当今时代，大数据已经深刻地影响着我们的生活、工作和思维。它作为一种资源，指导我们理解这个社会，我们在看到大数据重要价值的同时，也必须对它潜在的错误予以警惕。可以说，数据错误的存在已经是不争的事实，越来越多的案例表明，数据错误有客观原因，也有主观原因。客观原因主要是程序运行错误，而主观原因可能是人为的因素。在法律事件中，数据错误会导致十分严重的后果，比如在决策领域，数据错误可能会让决策者作出错误决策。在法律领域，数据错误可能会给刑事侦查或者其他案件带来错误分析。由数据错误导致的决策错误，已经成为严重扰乱信息社会的大问题。基于此，要对数据错误进行一个宏观的研究。

二、数据错误的概念与特征

数据错误，既包括准确的数据，也包括不准确的数据。无论以数据库为代表的结构数据，还是以普通的电子文档为代表的非结构数据，在大数据时代，数据错误都更多体现在电子领域和技术领域。所以，过去一些学者对数据错误的定义主要是两个方面：第一个是从数据值增长的维度，第二个是从数据运行的维度。我们理解数据错误可能更多是从技术层面和法律层面交互进行，从技术层面看，数据错误是指数据在命名与标准、逻辑以及关键依赖等方面缺乏一致性，在表、字段、记录、标识信息与约束信息方面缺乏完整性表现。从法律层面看，数据错误有两个方面的含义：一个是狭义层面的，数据错误是指任何以电子或者其他方式对法律信息的记录出现异常的非正常数据；另一个是广义层面的，数据错误包括数据本身的错误和导致决策错误两个方面。而我们理解的数据错误，主要从广义层面来看。数据错误有几个表现形式：获得性欠佳、表现性较差、相关性较弱、可用性低下、可靠性不足等。数据错误的特点有三：一是数据的质量问题，二是数据错误不具有援外性，三是数据错误贯穿全生命周期，含数据归类错误、数据发回错误、数据节点逻辑错误、数据异常值，等等。

三、数据错误的危害

数据时代，我们从传统社会走向了新型社会，由单一的物理空间向物理、电子虚拟双重空间转换。在现实生活领域，一旦出现数据错误，就会对个人、社会和国家造成多重危害。从个人角度看，数据错误可能会影响公民的正当权利，这里有三个方面的理解：从主体来看，数据错误可能会让自然人的数字身份无法识别；从内容来看，数据错误可能会对公民的数据人格权造成影响；从结果来看，数据错误可能会抑制人们对美好数字生活的期许。数据错误也可能会破坏社会运行秩序：从微观层面来看，数据错误容易破坏数字社会的核心大脑能力；从中观层面来看，数据错误容易抑制数字社会的图景创新动力；从宏观层面来看，数据错误容易损害数字社会的系统建设活力。数据错误还会阻碍国家的治理效能。大数据为国家治理提供了新思路，无论是社情民意的采集还是公共政策的制定，无论是资源的分配还是社会服务的开展，基于大数据的国家治理都意义重大。但是，如果出现数据错误，很有可能影响国家治理的制度逻辑和制度效率。第一，从治理质量上看，数据错误会限制国家治理决策的效应发挥。第二，从治理功能上看，数据错误会动摇国家治理结构。第三，从治理创新上看，数据错误会妨碍国家治理转型。

四、数据错误的法律规制

大数据无处不在，这也意味着数据错误也可能是无处不在的。目前，数据治理有技术逻辑的介入、行政逻辑的推动、市场逻辑的影响等多重逻辑，而且数据治理的几个整体概念一直是信息技术里面的一个部分，而技术层面的治理是基础，法律治理才是核心，所以我从以下几个方面予以理解。

首先，规制数据错误的基本原则有四个。第一个是合理规制原则，它的核心在于重理念。第二个是推本溯源原则，它的核心基础在于重规范。第三个是公开透明原则，它主要是重方式。第四个是精准施治原则，它主要是重目的。

其次，要认清楚规制数据错误的主要方法，要通过对错误数据的认识和反思，以标准化方式作为操作性指南，为处理数据错误问题提供基本的逻辑和方向。

第一，追求集中立法是规制数据错误的基本方向。从国家现有的立法看，国家以数据治理为核心的法律主要是《中华人民共和国数据安全法》（以下简称《数据安全法》）。《数据安全法》为规制数据错误提供了一定程度的法律保障。第一个方面，可以通过提取公益数据的方法，将数据经济经常出现的错误进行归类。第二个方面，对数据企业进行数据错误的本地化处理，减少错误数据的流转、交换和跨境。第三个方面，严格规范错误数据利用的行为，提高违法成本，建立具体的黑名单、白名单、灰名单等制度，提高数据规则的适用性、兼容性和转化性。

第二，过程管理是规制错误的核心。数据流转离不开绿色的数据环境，而绿色的数据环境有赖于对数据规则的防控。要点是预防为主、综合防治。

第三，推动协同共治是规制数据错误的重要手段。协同共治，并不只是在数据领域，而是要从科学、规范的角度进行，因此它的关键因素是协同，核心目标是共治，手段是协同，目的是共治，如此就可以克服"头痛医头，脚痛医脚"的弊端。

第四，要规制数据错误的法律安排。在当前大数据治理背景下，数据错误规制的法律设计要符合实际需要，起到真正的作用。要力推数字人权制度保障体系，以提高数据质量为中心进行多维防护，为数据发展较为成熟的领域进行集中统一立法。要优化数据的法治运行环境，主要注重绿色健康方面。

第五，要构建数据多元协同共治的链条。要制定新兴的公共价值＋数字与数据连续性＋数据自治＋团体政府全景式链条的数据模型，理顺数据错误逻辑。数据错误治理应当积极回应公共价值需要，重点关注数据的连续性，充分发挥数据的自治功效，极力推进整体政府建设。

五、结语

当下，人工智能、区块链、5G、元宇宙等技术背后都离不开数据强力加持。未来，在海量链接、登录自动化等核心科技方面，更需要庞大的数据来支撑。由此看来，错误的数据不仅给当下的法治带来不可忽视的影响，对未来法律建设也可能导致不可逆转的风险。在这种情况下，要看到数据错误是非生物属性的，当生物与非生物属性的混合数据出现错误时，如何从法律层面寻求"数据特效药"，防止数据错误，遏制错误扩张，将是未来大数据发展的基本模块。这里面也提出了几个具体的问题，因时间关系没有办法展开，请各位专家、同行批评指正。

谢谢。

吴岩

谢谢彭教授的精彩报告。下面有请中国政法大学张凌寒教授，报告的题目是“数据出境安全评估的法律性质与救济路径”。

张凌寒

谢谢吴老师。大家好，我今天想跟大家汇报一个实践性很强的问题：关于我国《数据出境安全评估办法》（以下简称《办法》）实施生效之后数据出境的跨境经营活动安全评估的法律性质和救济问题。

《办法》可以涵盖大多的数据跨境的经营活动，不管是企业出海还是国外的企业要把数据传输出境，都可能涉及《办法》中的情形。根据《办法》的规定，有大量数据出境的活动都落到了安全评估的范畴之内。自 2021 年 1 月 1 日起，累计向境外提供 10 万人个人信息或者 1 万人敏感个人信息的数据处理者向境外提供个人信息，如果这些主体需要申请数据跨境，第一次评估没有通过的话，可以申请一次复评。《办法》规定复评结果是“最终结论”。这会带来大量的问题：如果“最终结论”是指国家网信部门的安全评估结果，没有办法实施行政复议和行政诉讼，那么是什么样的法律依据使这样的安全评估具有行政终局的效力？如果这个结论仅仅是网信部门内部的结论，如何进行行政复议和行政诉讼呢？实践中也有一系列问题。这些问题对我国大量企业都是非常重要的。基于我国数字经济的规模，大量的企业互动都可以落到安全评估的范畴之内。一旦不能通过安全评估，企业的跨境经营活动就会陷入被动，被摁下“暂停键”。今天的汇报主要围绕着“最终结论”四个字展开。

一、数据出境安全评估的法律性质

评估在我国法律制度中并不是新的问题，之前就有很多食品、药品、环保等相应的评估，但是相比于这些评估，数据出境安全评估又具有非常强的特点。一是蕴含着极强的国家安全考量因素。二是具有独立直接的法律效力，通过对比安全评估和国家行为以及安全审查的不同性质，可以得出一个结论：安全评估本身仍是具体的行政行为，甚至是类似行政许可的授益性行政行为。但是该行政行为为什么不可诉呢？若不可诉，就会使安全评估形成终局行为。尽管我国《网络安全法》《数据安全法》和其他法规多次提及数字安全评估制度，但是仅仅是规定了适用情形，并没有涉及评估效率。安全评估是否符合《行政诉讼法》第 13 条规定的“法律规定由行政机关最终裁决的行政行为”呢？通过对相关理论和立法的梳理，可以看到安全评估可能会涉及国家机密以及法院没有能力审查这两种情形，进而形成行政终局行为。

但是，若再梳理安全评估的四种情形，会发现前三种情形实际是可以认定为基于国家安全而成为行政终局行为的例外。比如数据处理者向境外提供重要数据，或者向境外提供个人信息，以及处理100万人以上个人信息的数据处理者向境外提供个人信息。但是，自2021年1月1日起累计向境外提供数据的动态情形的评估，是没有落到国家现行法律范畴中的。基于对上述具体适用情况的分析，若想在法律上实现体系性的完善以及逻辑上的周延，需要对法律中具有行政终局性的行为予以有权的扩张性解释，才能够把安全评估置于行政终局行为范围之内。同样，基于国家安全例外，就可以免于行政复议和行政诉讼的司法审查，但这还是需要在法律层面上予以明确规定。

同时，还要考虑数字经济发展的需要，动态累计的情形已经成为常见的情况。比如一所高校要把学生数据外传，一家医院要把患者数据外传，都会涉及这种情形。这些情形是否也要去国家网信部门申请安全评估？我个人认为还是要设计一个必要的救济路径。

二、数据出境安全评估的救济问题

换一种思路，如果说国家网信部门在制定规章时并不认为“最终结论”是不可诉的意思，而仅仅是网信部门的“最终结论”，也就是说它可以复议和诉讼，那么就有这样一个问题：复议主体是谁呢？行政诉讼也会涉及一定的国家安全因素的考量和非常专业的数据安全和网络安全的审查。什么级别和类型的法院能够满足这种司法审查的专业性要求？涉及海量的第三人，他们又如何去参加这个行政诉讼？这些可能都会面临实际困难。

所以我认为通过具体制度的梳理，最后还是要解释成为它是基于国家安全例外的行政终局行为，但是还需要在法律层面予以修改，给予其合法性的依据。同时，有很多学界观点认为，“最终结论”是根据《数据安全法》第二十四条的安全审查作出的。从各方面来看，安全评估和安全审查在最终目的、适用条件和最后的法律效果上都有非常大的区别。也就是说，安全评估还是适用于日常经营活动的。同样，安全评估、认证和个人信息跨境的标准合同也已经成为我国数据跨境的体系化制度。但是通过审视后发现，它们的社会情形有很多重合的地方，如何使其尽快体系化，也是未来制度建设要做的。

无论怎样去讨论这些问题，归根结底还是落在数据跨境的制度本身。相比美国和欧盟的充分性认定，我们建立自己的数字经济、数据跨境的制度优势，使企业和数字经济有充分的发展活力，这是设计整个制度要秉承的基本理念。

我就分享到这里，谢谢大家。

吴岩

谢谢张凌寒教授的精彩报告，接下来有请吉林大学法学院谢登科教授，报告的题目是“非法电子数据排除的理论逻辑与制度建构——回归数字权利的程序性救济”。

谢登科

谢谢吴岩老师，谢谢山东大学法学院给我提供一个向各位老师、各位同仁学习和请教的机会。

在实体法领域，民法典和刑法都对数据和数据法益作出了相关保护性规定。比如民法典对数据财产权、数据隐私权和个人信息权益作出了明确规定，刑法设定了侵犯计算机系统罪和侵犯公民个人信息系统的罪名来保护数据权益。在刑事诉讼中，数据尤其是电子数据已经成为很重要的证据，有学者把电子数据称为“网络信息时代的证据之王”。在信息时代，电子数据除了是认定案件事实的重要证据材料之外，还承载着公民大量的基本权益，包括财产权、隐私权等。此外，公权力机关可能存在违法取证、违法扣押、非法技术搜查等侵犯公民基本权利的行为，此时如何从诚信层面对遭受的公权力机关的数据侵权进行程序性救济是亟待解决的问题。

对数字权利的程序保护需要区分两个层面：一是在数字权利取证过程中设置相应的程序，二是在权利受到侵犯时的救济问题。今天主要探讨权利遭受侵害之后如何寻求救济的问题。

非法证据排除规则是诉讼法中很重要的程序制裁和救济机制。《中华人民共和国刑事诉讼法》(以下简称《刑事诉讼法》)明确规定了非法证据排除规则,但其适用范围只规定了五种,可分为两类。一类是非法言词证据,主要包括非法口供、非法陈述等;另一类是非法实物证据。电子数据在证据种类上属于广义的实物证据,但《刑事诉讼法》在规定非法证据排除规则时,并没有把电子数据纳入非法证据排除规则的适用范围。目前非法证据排除规则规定的只有两种:非法物证和非法书证,未将电子数据和视频资料这两种常见的实物证据纳入其中。由此产生一个问题:若侦查机关在违法取证过程中损害了数字权益,现有的制度能否提供救济?在司法实践中是否有相关的案例?除了《刑事诉讼法》之外,最高人民法院也出台了相关司法解释,"两高一部"出台了一系列关于非法证据排除的规范性文件,比如"严格排非"规定。上述规范性文件基本沿袭了《刑事诉讼法》的相关规定,未将电子数据纳入非法证据排除规则的范围。但"两高一部"出台的《关于办理刑事案件收集提取和审查判断电子数据若干问题的规定》(以下简称《规定》)中对电子数据的收集、提取和审查认定做了比较全面的规定,其中规定了电子数据的合法性审查规则。

由此产生两个问题:第一,《规定》中的电子数据合法性审查规则是否等同于非法证据排除中的非法电子数据?第二,《规定》中还确定了电子数据的排除规则,包括绝对排除和裁量排除。这里的"排除"是否等同于非法证据排除规则中的排除规则?这是两个需要考虑的问题。

《规定》第二十四条从电子数据的取证主体、电子数据取证方法、电子数据的取证笔录、见证人见证等方面进行规定,其中大部分内容是技术性规定,比如电子证据取证方法是否符合相应标准、电子数据取证笔录的制作是否合法、是否有见证人见证、是否制作相关的取证录像,等等。违反了上述技术性的程序规定或取证规范,并不会对公民的基本权利构成侵犯,但会影响到收集证据的完整性、真实性和可靠性。因此,审查电子数据的合法性实际上是通过合法性审查来保障电子数据的真实性和可靠性。

《规定》第二十七条确定了电子数据的裁量排除,这条仍主要属于技术规范,比如未以封存状态移送的,笔录清单上没有侦查人员或者电子数据持有人(提供人)、见证人签名盖章的,以及对电子数据的名称、类别、格式等标注不清的。上述情况都是基于电子数据的不真实、不可靠而被规定排除的,与目前非法证据排除的理论基点不同。电子数据非法证据的理论基点主要是由于侦查机关违法取证侵犯公民基本权利导致欠缺证据能力而被排除。因此，虽说《规定》也规定了电子数据的合法性审查规则、排除规则，但与非法证据排除规则的理论基点不同。

司法实践中对被告人或被告人辩护律师提出违法搜查电子数据或者搜查过程中侵犯公民基本权利要求排除的请求通常有两种做法：一是拒绝排除，理由是现有法律未将电子数据纳入非法证据排除的适用范围；二是依附排除，将数据和数据载体一起排除。但作为证据使用的不是载体而是载体中的数据，因此这和直接排除电子数据还是存在较大区别的。

那么是否需要建立非法电子数据排除规则呢？从应然层面上讲，要建立非法电子数据排除规则。首先，非法电子数据排除规则的本质是基于非法取证侵犯了基本权利。电子数据也是公民的基本权利，如数据财产权、数据隐私权等，这在学界已基本达成共识。电子数据取证过程中是有可能侵犯公民基本权利的，比如抽查过程中采取强制性侦查。实践中，任意性侦查行强制性侦查之实的现象时有发生，比如欠缺法定事由或者法定情形下实行强制性侦查措施收集电子数据，还有未经依法审批的情况下进行侦查收集电子数据，等等，都有可能产生电子数据取证过程中的违法行为。为杜绝上述情况，还是需要建立非法电子数据排除规则。

非法电子数据排除规则的制度建构，一是要在行政诉讼过程中确立"尊重和保证数字人权"的基本理念，将"尊重和保障人权"的理念扩展到数字人权当中。二是将承载财产权和隐私权等基本权利的电子数据纳为搜查和扣押的适用对象。现行的规范性文件规定电子数据取证时，多用网络眼睛勘验、在线提取等，未规定电子数据的搜查。从国外来看，美国联邦宪法第四修正案在确立非法证据排除规则时，主要是以自身作为理论基础，核心还是把电子数据尤其是承载公民基本权利的电子数据纳为搜查扣押的适用对象。三是确立非法电子数据的排除，主要是针对侵犯基本权利的电子数据，而不是真实性无法得到保障的电子数据。

我的汇报完毕。

吴岩

谢谢谢登科教授的精彩报告。最后一位发言人是山东大学法学院副研究员宋保振教授，他报告的题目是"'数字弱势群体'权益的社会法保障"。

宋保振

尊敬的吴老师，各位专家老师，各位在线的同学，大家上午好。今天很荣幸能有这样的机会向各位老师、各位专家报告自己近期研究成果。

一、为什么要通过法律范式保障数字弱势群体的权益？

第一，为什么要保障该主体的权益？首先要界定该主体的内涵、外延以及它的权益内容。只有把主体、主体权益先界定清楚，才会有接下来寻求某种技术性或制度性保障的立足点。第二，该主体权益为什么通过法的范式来进行保障？即使主体的内涵和外延存在差异，但数字弱势群体与传统弱势群体仍具有高度相关性。经济学、社会管理学、社会学都在关注数字弱势群体，那为什么一定用法的范式保障呢？这并不是法律研究者的自以为是，而是因为需要通过法的范式弥补其他保障模式在时效和性质上的不足。这种权益保障是数字科技的技术赋权与技术索权冲突的集中体现，该权益的实质是一种数字权利或信息权利，属于数字人权的范畴。

二、数字弱势群体权益诉诸社会法保障路径的依据

首先，已有公—私法体系保障不足。运用实证研究的方法对法律、法规、规章、规范性法律文件进行梳理，会发现有两个典型的问题：一是权利需要明确，二是主体及责任有待厘清。其次，社会法保障的优势主要体现在以下几个方面。第一，通过社会法来救济弱势群体权益符合人权保障逻辑。数字弱势群体权益正好可以落入弱者权益保障理论的体系框架内，由国家或社会承担保障义务。第二，数字弱势群体权益保障诉求切合社会法的本质。数字弱势群体权益的核心是以社会权为基石的一种社会法益或者社会权益，此处与上述第一点也是呼应的。第三，通过社会法保障数字弱势群体权益具有现实可行性。国外十几年前就已经开始了相应的法律活动。

三、数字弱势群体权益保障的内在逻辑

第一，从基本权利伦理上看，数字弱势群体权益保障可以维护数字弱势群体应有的数字人格与数字尊严。伴随着社会结构、社会主体生活方式和生产方式的变化，在生物人之外有了信息人的属性，这种属性同时带来了新的人格利益、人格尊严的诉求。维护数字弱势群体的数字人格与尊严，就在于实现该群体与数字原居民之间的信息公平，而这种公平正是社会法所追求的实质凭证。亚里士多德、罗尔斯、诺奇克的理论也是从最基础的伦理和人格尊严的角度来阐述的。

第二，可以实现数字弱势群体共享数字红利。数字弱势群体与数字原居民、数字移民的重要区别是参与数字化生活以及共享数字红利时的重大差别。共享数字红利、参与数字生活是社会应得的属性。社会权理论通过制度性分配可以实现这种社会应得。

第三，可以享有科学福利权。《经济、社会及文化权利国际公约》中规定了科学福利权，数字社会的科学福利权是对传统科技福利权利的具体界定。这种保障方式也体现了社会主义国家人权保护的特色逻辑。从一种国家义务保障公民主体一般性权益的角度上进行分析，这三种逻辑是逐渐深入的，最后上升到该主体在当下社会享有的一般性科学福利权。

四、数字弱势群体权利保障的具体路径

要明确以下两个前提。第一，该群体之所以有向国家和社会请求保障其权益的资格，是因为特定的权利，而非基于空洞的公平正义或纯粹的生产效率考量。第二，国家之所以有救助义务，并不是国家的恩赐，而是法定的义务和责任。在此前提下，通过社会法保障该权益的重点就围绕如何应用社会权，完善相应主体的赋权，同时将该群体的道德权利转变为法定权利，以及为该权利配置相应的责任义务内容，只有这样才能把权益保障具体落实。

从权利体系构建上看，主要分以下两个方面。第一，基本权利。这在《宪法》中有相应的体现，比如第 33 条人权条款，第 45 条弱者权益保障条款，第 40 条通信秘密保障条款，还有《宪法》上未被列举的“基本权利”，可以通过一种权利推定的方式把保障的基本诉求纳入公民基本权利的体系范畴。第二，新兴权利。新兴权利是从法律权利往具体权利转变的展现，如近两年论证比较成熟的信息权利、数据权利、数字化生活权，等等。新兴权利应该通过社会法进行保障，最终落实到具体权利实现过程中，这是绕不过去的很重要的权利类型。

围绕上述具体权益，要构筑相应的义务谱系。区别于社会权保障的传统义务主体——国家，数字弱势群体权益保障中的救济主体还包括大量的数据信息处理者，比如大数据平台。数字时代，其自身有了一种准公权力，从事公共服务性质活动，同时也负担了应该向社会承担的企业义务，从而有了保护弱势群体特定权益的义务要求。从国家义务来看，尊重、保护和给付是最主要、最核心的积极义务。那么，数据企业与大平台等其他社会主体承担的义务应该主要包括哪些内容呢？从两方面可以深拓：一方面，要积极保障公民无障碍的信息获取与使用，避免数字红利无法惠及社会弱势群体和边缘群体；另一方面，要负担消极的不侵权义务，尽可能消除平台运行中大数据计算引发的算法歧视和数字不平等，主要关注基于身份的不平等。还有两个方面格外重要：第一，通过算法审核和平台自我监管抑制不平等的信息处理；第二，探索多元化信息投放和均衡化信息分配，弱化信息茧房效应与影响。

五、结语

数字弱势群体的权益要通过社会法加以保障，然而社会法保障的难题在于其可诉性。国际上，对于信息权益或上网权益的司法诉讼开始有了相应判例。伴随着对社会法的属性探讨，国内也开始有了这种问题意识。下一阶段，若想真正落实该权益保障，应当重视传统理论难题的当下回应。

吴老师，汇报完毕。

吴岩

再次感谢这个阶段的四位报告人，感谢四位教授的精彩发言。

该阶段圆满结束，在此感谢各位老师和同学的倾听。

同时，我也代表《法学论坛》编辑部，感谢各位老师和同学对《法学论坛》的关注和支持，再次感谢。

（编校：王必行）

中国社会的数字挑战及法律应对

专题讨论（一）

主讲人：郑智航　山东大学法学院副院长、教授、博士生导师

报告人：江秋伟　广东工业大学法学院讲师

题　目：地方立法中的公共数据及其技术治理

报告人：韩　晗　山东师范大学法学院讲师

题　目：职务犯罪调查模式的数字化转型研究

报告人：刘建臣　山东大学法学院助理研究员

题　目：从排他到自治——中国芯片设计赋权模式的应然转向

报告人：孟李冕　中国政法大学法学院博士研究生

题　目：自动行政答复——从简单性到合法性

报告人：董东晓　陕西省人民检察院四级高级检察官

题　目：个人信息保护视角下平台反垄断研究

报告人：孙庆春　山东师范大学法学院讲师

题　目：沟通法律计算的有效性与合法性——基于司法人工智能技术路径的分析

报告人：卢震豪　清华大学法学院博士研究生

题　目：个人信息合理使用的二阶层修正限制适用说——基于私营平台二次公开裁判文书批判

评议人：韩旭至　华东政法大学数字法治研究院副院长、副教授

郭传凯　山东大学法学院副教授

时　间：2022 年 12 月 17 日 14:00—15:30

方　式：腾讯会议

郑智航

各位老师、同学，下午好，非常荣幸有机会和大家一起交流、学习。今天本场会议一共有七位发言人、两位与谈人，每个人发言时间是十分钟。第一位是广东工业大学法学院的江秋伟老师，他发言的题目是“地方立法中的公共数据及其技术治理”，有请江老师。

江秋伟

感谢郑院长，感谢山东大学给我这样的机会来分享自己上半年做的关于“地方立法和公共数据”的研究。我在 4 月对公共数据的地方性法规、政府规章进行搜集，10 月又以此为基础进行再次补充。论文围绕几个部分展开，一方面是地方立法对“公共数据”的界定，另一方面是整合权属以及用途，最终尝试分析地方立法背后对公共数据的态度，这是研究的基本框架。

按照 10 月整理的数据，目前我国有 61 个关于公共数据的地方性法规和规范文件，比我之前提交给大会的 51 个又增加了 10 个。其中有 21 个地方性法规、27 个地方政府规章以及 13 个地方政府规范性文件。之所以有这样的考虑，是因为我发现学界对如何定义公共数据及其产权的归属都有不同的主张。有些人主张公共数据应该归国家所有、政府所有，有些人则有其他主张。我尝试分析现在地方政府在立法中是怎么看待公共数据的，想从实际立法中分析地方政府对公共数据的态度和实践。我对公共数据的立法主要围绕四个维度的问题而展开，第一个问题是到底什么是公共数据，第二个问题是公共数据的整合，第三个问题是公共数据的权属问题，第四个问题是公共数据的基本用途。后面围绕这四个问题来展开，并且对这四个问题背后的治理问题做一定的分析。

第一，关于公共数据的界定。立法中一般都使用“特定主体＋特定目的＋特定行为”的概念框架，尤其是地方立法时多会使用“出于公共服务、履行公共职能等目的”。但是，各地外延具有差异性，浙江省对具有政府服务职能的公共数据定位较宽，会把直属管理的税务、海关等处的数据视为本省公共数据。广东省类似于浙江省，都是以“具有公共管理职能”或“特定服务机构”作为其概念的核心关键词，与公共服务有关的都被界定为公共数据。相比之下，北京市则使用更为抽象的概念，以至目前来看北京市是全国范围内公共数据概念最为宽泛的地方。上述列举的是公共数据概念覆盖范围较大的三个地方性立法，其他范围较窄的则直接将“公共数据”基本等同于“政务数据”。

第二，地方政府在公共数据的立法过程中一般会强调数据要汇集到省一级数据平台上。在对各地公共数据进行整合时，我发现一个很有意思的现象，即各个地方性立法所使用的词汇都不太一样：有的地方会用“汇集”，有的地方使用“汇聚”“归集”等。据我统计，在词汇使用中出现了一种区域相模仿的现象。比如江浙一带可能更多使用“归集”，而广东、福建多会用“汇聚”，当然还有其他省份混杂使用的情况。但总体上，各地方性立法都特别强调公共数据在整合时要有统一的平台，而且强调要逐级往上汇集而不能另外建立数据通道，否则可能会对地方财政产生不良后果。

第三，从权属来看，一种是正向界定，像目前查到的是福建、山西和重庆三地直接规定政务数据属于国家所有。还有一种是反向界定，像广东省地方立法，规定公共数据的来源是相对比较复杂的，但至少从权属上来说，不应该属于个人。

第四，关于公共数据的用途，主要围绕共享、开放和利用三个方面，但各地在区分禁止类、有条件的和无条件的立法中大同小异。一方面是在用途上，目前浙江省在公共数据开放平台上属于最大体量，已更新至 10 亿多条。相比之下，有的地方就会少很多，例如上海、广东、深圳的公共数据加起来都不如浙江一个省多。这可以看出各地对公共数据利用的态度。另一方面是我们所说的公共数据运营，目前来说，各地都尝试着进行特许授权经营或者基于某种国有资本的运营，其中浙江与海南更偏向于特许经营，而山东更偏向于国有资产运营。

从公共数据的地方立法中，可以看出其中有四重逻辑。首先是经济比较强的省份更侧重对经济的某种追求，其中表现最为突出的是浙江。其次是政治逻辑上更强调完成中央的任务，通过研究我们发现很多地方的小城市即使没有比较多的公共数据来源，但是它也会发文要建设公共数据利用机制。这种行为单纯是为了完成中央层面关于数字经济和公共数据利用方面的任务。再次是权利逻辑，在整个地方立法中权利逻辑相对是比较少的，因为它更侧重的是整个数字经济的数据利用，而对个人的权利保护，或者说对个人权利内容的规定是比较少的。最后是组织逻辑，特别在数据整合过程中，各地都强调下级政府或者市级政府要尽可能把数据统合到中央层级平台上。这四种逻辑都是有张力的。经济逻辑更侧重效率，政治逻辑更侧重安全，权利逻辑更侧重个人价值，而组织逻辑更注重的是自身政府或者自身组织能否继续维持。总体上来说，关于公共数据的立法还处于探索阶段，但在开放共享、整合利用层面上各个地方是相对比较一致的，当然地方之间也会有竞争和模仿。

好，这是我的报告，感谢大家。

郑智航

非常感谢江老师的精彩报告，江老师主要从地方立法实证的角度论述了各个地方公共数据的治理及其背后所体现的多重逻辑。下面有请山东师范大学韩晗老师，欢迎韩老师。

韩晗

谢谢郑老师。非常高兴能通过云端重新回到母校参加此次学术活动，事实上离校入职之后无时无刻不在怀念在校的日子。今天将自己的思考进行汇报，我汇报的题目是“职务犯罪调查模式的数字化转型研究”。

目前来说，2016 年开始的国家监察体制改革改变了原来职务犯罪职能监察格局，由监察机关承担了调查职务犯罪的职责。实际上，监察机关也开始尝试数字化转型，特别是出台了《中央纪委国家监委信息化工作规划（2018—2022 年）》，这个转型值得我们去认真关注这个特殊的领域。

数字化转型之前的模式统称为“传统模式”。首先，这个“传统模式”在线索发现上具有被动的回应性。目前来说，线索发现主要分为三大类：知情人举报、原发案牵连和日常审计。其中知情人举报包括信访举报、专项监督、巡视巡查等，这些本质上都具有被动性的特点，即有线索才会进行相应的回应。其次，在证据收集上有高度的人证依赖性，即高度依赖犯罪嫌疑人、被告人的供述辩解以及证人证言，特别是在行贿案件中，口供加上证人证言就是证据收集的结构。“由供到证，供证呼应”便是“传统模式”最典型特点。再次，强制取证空间的压迫性。传统模式高度依赖羁押的方式，以前通常是说“规”起来，现在是进行“留置”。最后，权利保障的缺乏性。比较重要的是围绕人身安全展开，像非法证据排除、排除刑讯逼供等手段。

现在为什么要进行数字化转型呢？它的主要动因有四个方面。第一个方面是目前的调查资源已经开始数字化。现在信息留痕、视频监控、通话清单、短信息内容、银行卡转账记录等都已经开始数字化了，调查资源的数字化迫使监察机关也要进行数字化转型。第二个方面是“传统模式”已经无法应对这个时代的办案需求。很多情况下，被动等待举报、等待线索已经很难进行系统性反腐败工作。比如各地冒领、挪用、虚报惠民资金的问题，通过大数据平台的监控是很容易发现的，但是若要坐等举报，基本是很难开展的。再有，像党的二十大报告中提出的新型腐败，比如低价购房、投资、入干股等，需要一种新的手段来进行监控。第三个方面是跨境取证需求倒逼职务犯罪调查的数字化转型，目前跨境的追赃追讨需要监察机关做好跨境取证，但是正式的国际刑事司法协助目前陷入了困境。可能非正式的跨境电子取证才是未来的主要方式，这也迫使监察机关提高这方面的能力。第四个方面是第三方平台的介入。《中华人民共和国监察法实施条例》第五十九条规定，监察机关有权向个人和单位收集调取证据，可以向第三方平台调取，这意味着第三方平台获得了某种程度的调查权力。如果说监察机关没有相应的监督和数字化对接能力，这可能会给第三方平台带来很大的权力滥用空间，所以现实情况也逼迫监察机关强化自己的数字化对接能力。

数字化转型最终会形成数字模式。我认为数字模式和传统模式之间是传承关系，数字模式吸收了传统模式的结构基础。例如原来的留置依然还是留置，到了数字模式时代还是会用这种方式，但是数字模式一定是传统模式升级的必然结果，不存在谁取代谁或者两者并行的情况，两者之间应该是一个升级的关系。数字模式发展到最后，大致呈现为四个方面。第一个方面是职能管辖主体的再塑中心化，治理平台化使平台成为职能管辖的第一主体。这不仅体现在数据平台管理者的高级别性，已经改变了职务管辖的分级性、数据平台的行业性，打破了职能管辖的属地性，还体现在职能平台的无差别性改变了职能管辖的属源性。传统的职务犯罪调查是属地管辖和干部管理权限或者级别管辖相结合，但是数据平台的出现打破了原来的限制。第二个方面是证据承载方式的数字全景化。算法已成为收集证据的核心，时空虚拟性也成为证据体系完善的重要支撑。第三个方面是线索发现方式的主动检校化，它更为主动。第四个方面是强制取证功能的数据压迫化，由原来向人身的压迫转向对数据的压迫。

数字模式面临的转型困境，首先是实质真实的保障，其次是人为干扰的因素。职务犯罪调查模式数字化转型的制度保障，由人权理念保障转向隐私安全保障，需要更高级别的统筹管理，要强化数据平台建设的融贯性，要将数据平台的跨区域性与传统管辖原则进行衔接。数字人权保障的虚化以及数字化成本的常态维续，都需要人员和数据平台的更多投入。这都是数字模式面临的转型困境。

这是我今天的汇报内容，谢谢各位老师。

郑智航

非常感谢韩老师的精彩分享，韩老师从数据对于职务犯罪调查模式转变的角度，分析了数据时代的司法问题。下面有请山东大学法学院刘建臣老师，他发言的题目是“从排他到自治——中国芯片设计赋权模式的应然转向”。

刘建臣

谢谢郑院长，也非常感谢各位领导和同事的安排，让我有机会向各位专家学习以及汇报自己关于芯片设计保护模式的学习体会。

大家都知道，近几年来我们国家在芯片设计行业尤其是芯片技术行业一直遭到西方发达国家的技术封锁。所以无论是研究资金拨入还是税收政策的优惠，我国都在大力扶持芯片产业的发展。那么我就在思考：能不能通过法律制度构建增强芯片行业的创新，促进芯片行业的发展？我们知道，在农业时代主要是靠水力，在工业时代靠电力，在现在的信息时代主要靠算力。算力由芯片提供，无论是人工智能、算法还是区块链都需要算法芯片提供底层的算力支撑。立法者专门给芯片行业单独配置了一个财产权——集成电路布图设计权，这是一个小众而重要的权利。我国于2001年已经把这个权利纳入立法，这也是开创了立法者单独给行业配置一个财产权的先河。

《知识产权法》是一部典型的通过保护形式来保护功能的法律，通过保护表层的设计能够实现保护芯片的效果。布图设计权是什么意思呢？就是法律提供10年的保护期，在这个保护期内禁止竞争对手和第三方从事复制和商业利用的行为，比如销售、进口等行为。在发达国家以及世界知识产权组织和WTO项下都缔结了关于芯片保护的协定，我国在2001年加入WTO前专门制定了《集成电路布图设计保护条例》，这符合整个世界主流法律的发展趋势。

那么从经济学的视角，主要通过经济学上的信息成本理论去解释这样一个赋权模式以及配套的制度设计合不合理。布图设计实际采用了以版权模式为参照的赋权模式。根据信息成本理论，版权课题的信息成本显著高于专利课题，也就是说创作一部作品时没有办法一一检索已有作品从而避让侵权。但是专利数量比较少，又受制于自然规律和技术方案，可以检索出已有的技术领域的专利来避让侵权。信息成本越高，对应着已有的智力成果区别的特征越多，就越要采取事后确权的版权模式；如果与已有的智力成果区别特征比较少，就要采取事先审查的专利模式。我们知道，芯片已经做到纳米级别，一个指甲盖大小的芯片可以放几百亿个晶体管元件，在设计一款新的芯片时，如果要找出所有以往的芯片来避免雷同，这个成本非常高。所以，立法者就采取事后确权的模式，而不会对芯片设计进行事先的实质审查。这就是依据信息成本理论提供赋权模式的选择。信息成本理论还有另一个比较重要的启示：在进行配套制度设计时要紧紧围绕着赋权模式的逻辑。也就是说，要尽量减少义务主体避让侵权的义务。这点在专利法上就有所体现，专利法专门规定了申请专利后要对全社会公开，使义务主体可以查到技术方案从而避免侵权。但在布图设计上没有做到公开，然而它的排他权效力要远高于版权而接近于专利，实际是有信息成本效益的提高。义务主体的行动自由就受到了很大限制。

立法者还规定了另外一个制度——移植的商业秘密法制度，叫作“反向工程”。一家芯片企业可以买来竞争对手的芯片，进行反向技术的推演从而获得里面的技术原理。但反向工程的规则适用起来非常模糊，没有办法达到《商业秘密法》中规定的反向工程的规则。《商业秘密法》中规定的反向工程的规则十分清晰，即如果构成反向工程则根本不会构成侵权。但是布图设计权就是一个败笔，所以世界范围内关于反向工程的规则没有达成共识。在信息成本效益分析的基础上，我们可以得出一个初步结论：如果能够改变一些配套的制度设计从而纠正适用上的缺陷，就完全没有必要进行根本的变革。但是通过时政方面的研究来考察权利在实践中运行的成果和效果，我发现，美国作为《个法案》的始作俑者，通过国际组织把这个法案推广到全球。当时美国立法者的主要目的是制止芯片行业的盲从抄袭，但是后面芯片行业根本没有出现抄袭。为什么呢？主要有三个原因：技术进步、市场格局的改变和行业实践优化。由于这三个原因，权利人根本不会依赖这个权利，从而导致在实证层面案件非常少。美国从 1984 年至今的时间里，一共有 15 个案件提到该权利，真正作为实质性判决的相关案件只有两件。我国从 2001 年立法到现在，只有约 200 个案件，排除重复的案件后每年不到 10 起。也就是说，这个权利在实践中的运用非常少。申请量也是少之又少，芯片行业比较发达的美国、日本等国家很少在我国申请布图设计的权利。很多情况都是基于芯片热，国内主体为了拿到政府的资助而申请权利，所以在实践运行效果方面欠佳。

同时还存在另外一个情况：芯片行业的摩尔定律，即只需要两年，芯片行业的制程就更新了，但是立法给了 10 年的保护期，中间有 8 年的社会闲置的成本。在实践出现这种困难的情况下，我个人认为需要根本性的变革，给予修补性设计是没有必要的。权利的变革改进需要考虑三个因素，即对权利人的激励效应，在后创新者的模仿自由，以及芯片行业一个典型的特点——累积创新，在后创新严重依赖在先创新。在这三个因素考量之下，应当通过责任规则的赋权方案而不是排他性财产规则的安排去促进芯片行业的创新，这对我们国家目前应对芯片技术封锁而言尤为重要。

《知识产权法》与其他权利法案不太一样，它涉及国际和国内两个层面。限于我们国家在国际公约项下的义务，不能随便改动国内的法律以防止减少国际条约给我们施加的保护义务。如果对芯片设计进行降格保护，一定要考虑怎么履行国际条约项下的义务。所以我个人在这篇文章中认为，先推动修订国际条约，再完成国内法的转化，可以避免对国际条约义务的违反。这可以作为过渡时期的阶段方案，通过司法创制性规则适用来保护创新和自由的空间。司法创制性责任规则，一言以蔽之，法院拒绝权利人关于停止侵害的诉求，转而允许被告在支付许可费的前提下继续使用。我国已经有几百个相关案子的积累，拥有比较丰富的经验。

我今天就讲到这里，做这样一个报告是想引起大家对芯片设计方面的关注。只有大家共同关注，才能推动这个领域的研究，这个成果也会被得到认可。

郑智航

非常感谢刘老师从芯片设计的方面进行的分析，视角比较新颖。下面有请中国政法大学法学院博士研究生孟李冕。

孟李冕

主持人好，各位老师好，很荣幸参加此次论坛。下面我就直接进入正题。我此次汇报的题目为“自动行政答复——从简单性到合法性”。

自动行政答复指行政机关使用信息技术手段来实现行政答复的自动化，国内外都有不少例证。简单性指行政机关对法律进行简单解释，但没有强调法律的潜在复杂度，也没有通过正式的修改程序来降低复杂度。这里以完全民事行为能力人为例，其简单性理解为 18 周岁以上的成年人，但其存在两个例外情形：一是 16 周岁以上的未成年人，以自己的劳动收入为主要收入来源，视为完全民事行为能力人；二是不能辨认自己行为的成年人为无民事行为能力人。简单性可能会导致合法性偏离，合法性偏离分为有利合法性偏离和不利合法性偏离两种情况。针对第一种情况，这里以美国税务机关互动税务助理(ITA)为例。一个模特想通过手术将牙齿替换成美观的人造牙齿，向 ITA 询问得到答复后选择了人造牙齿支出，ITA 的答复是人造牙齿费用是可以扣除的费用。但是这与法律规定是不一致的，法律规定不允许为整容手术进行费用扣除。第二种情况是不利的合法性偏离，比如一名癌症患者因长期化疗牙齿变色，后想美白牙齿，在 ITA 处得到的回复是牙齿美白费用不能扣除，这个回答与法律也是不一致的，因为如果手术治疗不是为了改善纳税人的外表的话，是可以扣除费用的。

问题已经提出，接下来分析自动行政答复的定位到底是什么。讨论自动行政答复离不开“行政答复”这个基础性概念。行政答复的指向很广泛，可以从问题属性、问题来源和答复效力三个层次进行区分。以问题属性为标准，可以分为事实问题和法律问题；以问题来源为标准，可以分为内部答复和外部答复；以答复效力为标准，可以分为事先裁定和狭义行政答复。事先裁定指的是一种很特殊的制度存在，作为因应法律不确定的制度化例外，其仅仅具有约束行政两方的拘束力，例如我国海关行政裁定制度就属于这一类型，我国也曾经试图创建税收事先裁定制度，但最终立法没有采纳。狭义行政答复指完全依照法律、法规、规章和规范性文件回答问题，不掺杂任何的意思表达。我们所讨论的自动行政答复可以归为哪一类呢？从技术的角度进行分析，自动行政答复的技术构建方式有人工模板式、检索式和深度学习式三种。人工模板式准确度高，但扩展性较差；检索式对数据库要求高，但回答质量也高；深度学习式扩展性好，但回复可能有语法错误。目前使用最多的是第二种：基于规则的检索式。通过构建知识图谱，形成完整的知识库，构成一个狭义的行政答复。自动行政答复是关于法律问题的、外部的、无拘束力的答复，清楚了自动行政答复的属性、地位后，可以着手解决合法性偏移带来的相对人保护的问题。

关于合法性的影响，也分为两种：若相对人遵循对其不利的答复，纠正行为后自然可以获得损失的弥补；但若相对人选择对其有利的答复做出了违法行为，行政机关是否应予以处罚呢？目前已有的经验表明并不支持一个免予处罚的规定。例如美国国税局在官方网站上明确表示，ITA 的答复不适用于税收法典关于减免处罚的规定。然而，从信赖保护原则和行政处罚法方面进行分析，存在不予处罚的合理性和正当性，具体而言，在信赖保护原则视域因处罚不利变更的性质，有利偏离的答复能够成为信赖的基础，如果能够同时满足信赖表现和信赖值得保护的要求，就可以通过不予处罚的方式进行信赖保护。在行政处罚法视域下，辩护依据有两种：一是主观过错条款，以相对人并不具有主观过错证明其应当不予处罚；二是基于行政机关的公信力，行政机关的答复使相对人对违法行为不具有期待可能性。换言之，行政机关的答复成为行政处罚的违法性阻却事由。不予处罚的政策是重要的，但还是远远不够，还需要从多方面对其进行优化和细化。

从根本上而言，其一，为了减少合法性偏离的可能，应当提高从法律转译至代码的准确度。其二，由于当下自动行政答复系统多为清屏式而非长久记录式，下一次进入系统时上一次的聊天记录就消失了，为了降低相对人举证难度，还应该增设获取记录的功能。其三，为了规避相对人的反向设计，即故意获得特定的答复内容来达到不予处罚的目的，应当对行政机关的质疑保留予以确认。除了简单应对之外，行政答复还可能有复杂性问题。复杂性指无尽疑问和答非所问，这个问题可以通过人机混合模式加以解决。随着自动行政答复的不断发展，未来可能会出现其他问题，届时还需要进一步研究。以上是我的全部报告，请各位老师多多批评指正。

郑智航

非常感谢孟博士对自动行政答复的问题进行的精深分析，自动答复属于自动化行政里面的重要内容，也是法治政府特别是数字政府建设的重要方面。下面有请陕西省人民检察院四级高级检察官、西北政法大学博士研究生董东晓，他发言的题目是“个人信息保护视角下平台反垄断研究”。

董东晓

郑院长好，各位老师好。目前关于互联网平台反垄断问题的研究，主要集中在平台垄断形成的原因、垄断特征、垄断监管以及平台反垄断的国际趋势等几个方面。对于个人信息保护能否作为独立问题纳入平台领域、反垄断法的适用范围这个问题，当前观点是不统一的。从个人信息保护视角对平台反垄断问题展开研究的成果，目前能检索到的只有一篇博士论文，而且研究的视角与本文存在重大差异。

我们都知道，传统反垄断法理论以价格理论为基础，与个人信息保护很难发生直接联系。但在当前的数字化时代，个人信息已经具有重要的反垄断法属性，反垄断法应当实现从关注价格向关注个人信息保护转型。互联网行业的竞争体现出用户竞争、跨界竞争和创新竞争等特点，个人信息对上述特点的形成均具有至关重要的作用。因此，学界研究成果提示我们应该将目前处于支配地位的互联网平台企业的博学行为视为一种新型垄断行为并加以必要的关注。平台想获得市场支配地位进行垄断，就需要掌握足够多的个人用户信息。在不受法律法规约束的情况下，它就会产生尽可能多的搜集用户信息的冲动行为，在这个过程中，用户个人信息的处理权限就成为规制平台垄断行为的重要起点和支点，这也是平台反垄断工作的重要抓手。

整体而言，目前我国平台经济领域呈现出垄断与竞争并存的格局，因此，针对已经暴露出来的诸如个人信息泄露等问题，对平台经济领域进行规范正当其时。个人信息的收集、存储、使用以及保护模式都在平台经济实践中暴露出诸多缺点，也助长了平台的垄断冲动，因此这种模式应该得到重新审视。目前互联网平台各自收集个人信息，重复使用数据库，自身的裁量权非常大。且使用用户信息处于各自为政的状态，甚至司法机关对刑事案件的侦查都受制于平台企业的配合与协作。因此，要将个人信息采集与存储业务从平台业务中分离出来，单独设立相关数据库，当平台需要使用个人信息时，须申请调用，并且强制要求平台不再存储用户个人信息交易记录等相关敏感信息，平台信息库只保留交易额等经营性数据。

平台个人信息保护到底采用一体模式还是分立模式，要根据经营的具体阶段判断。在平台发展初期，国家不宜过多干预，在任由其发展中让问题得到充分暴露是比较科学的；在问题没有得到充分暴露之前若国家贸然介入，往往会影响行业的发展。在得到一段时间发展之后，平台经济已经实现了较为充分的竞争，将各种问题充分暴露出来。此时，采取具有针对性的手段干预市场发展，科学选择平台个人信息保护的模式，从而解决一系列问题才恰如其分。

本文主张立足于分立与监管来加强平台反垄断。分立是将个人信息收集与平台使用进行分离，基于个人信息保护和反垄断的需要，必须从顶层设计上将个人信息收集、存储等活动从平台用户个人信息数据库中分离出来，由国家或者国家授权的机构独立管理，由国家实际控制。个人信息数据库可以分为国家个人信息基础数据库和行业个人信息数据库，平台运营商需要信息数据库的信息时，按照非必要不提供的原则由相关数据库予以提供。对于平台反垄断问题，目前尚缺乏可供借鉴的成功经验。为防止对平台监管从过度包容甚至放纵的极端走向过度管制甚至压制平台经济领域活动的另一个极端，应当创新监管手段，升级监管系统，从顶层设计上分离个人信息的处理权限，分段监管。

强化平台经济领域的监管是大势所趋，具有深刻的全球化背景。欧盟平台经济近年来主要被美国的互联网企业占据，因此欧盟很早就对美国的互联网平台巨头展开严厉的反垄断措施。近年来，全球又进一步加强了监管的趋势。对中国而言，将个人信息的采集、存储从传统的由平台自身收集存储和使用的一条龙流程中分离出来，建立由国家实际掌控和运营的国家个人信息基础数据库和行业个人信息数据库，加强对个人信息数据流转各环节的闭环监管，并且强化检察机关法律监督职能的充分发挥，有利于推动有效市场和有为政府更好地充分结合，推动更高水平法治中国、平安中国建设。

郑智航

谢谢董博士关于个人信息平台的反垄断的分析，非常精彩。下面有请来自山东师范大学法学院的孙庆春老师，有请。

孙庆春

谢谢郑老师，谢谢各位老师。我今天汇报的题目是“沟通法律计算的有效性与合法性——基于司法人工智能技术路径的分析”。整个报告是这样一个框架：第一部分是提出问题，第二部分和第三部分是指出当前符号主义进路和联结主义进路在方法论及合法性等方面存在的困境。第四部分引入神经符号计算的思想，这种思想在沟通有效性和合法性方面有比较大的潜力。第五部分是对神经符号法律计算的展开。第六部分是从推理机制的角度来谈的，推理的机制有两个基本的要求——规范性和可解释性。

接下来具体展开来讲。我们知道，在我们国家，司法人工智能随着智慧法院的建设已经有相当的现实基础，也有在实质性阶段介入司法裁判的可能性。准确来说，司法人工智能就是将人工智能应用于司法裁判以实现某种程度的法律决策的自动化。司法人工智能的核心在于法律计算，法律计算处于整个公共论证的核心地位，所以涉及很多复杂的要求，既要满足人工智能技术的有效性，又要满足司法制度以及体制等方面的合法性要求。当前在符号进路和联结主义进路当中都没有成功实现这些要求。这是我汇报的第一部分。

第二部分是分析在符号主义进路下三种经典的进路所面临的方法论困

境。符号主义是人工智能的研究路径，主要是基于物理符号系统的假设而提出来的。由于它比较早地提出了比较连贯的认知理论，所以在人工智能研究中属于最早、最主流的研究进路。但是，这种研究进路发展出来的三种经典的方法存在着自身难以克服的问题。首先是经典规则进路，其次是案例进路，最后是规则与案例的混合进路，当然这种混合是在符号主义的框架下展开的。第一种是经典的规则进路，它的主要方法是对法律规则进行逻辑同构，把法律规则视为一套逻辑的声明，然后把这种声明进行逻辑化、形式化，从而进行基于规则的演绎推理。但是这种方法会遇到很多问题，这些问题都可以还原为法理学上讨论的焦点问题，比如规则的周延性问题、概念的开放性问题。第二种是经典的案例进路，它替代了原来的规则类比，用案例类比展开推理的模式主要是判断案例之间的相似性。第三种进路是混合的进路，同样也面临符号主义的问题。第一个是语言的障碍，第二个是形式化的障碍，也就是逻辑上的障碍，主要是一些方法论的困境。

第三部分谈到了联结主义进路及其合法性困境。随着智慧法院的建设，大家对联结主义以及神经网络已不陌生。联结主义最主要的表现形式就是神经网络，它有着自己的技术特点，核心在于神经网络计算，通过把法律要素表达为“输入”实现法律要素的计算。这种法律计算对于法律知识的表示以及破解形式化障碍都有很好的优势，所以在当前的很多司法人工智能应用场景中都看得到。但是，这种联结主义进路也面临合法性的困境，比较典型的是利用人工智能进行裁判结果的预测。这个预测过程其实是一个实质性的法律推理过程，它所依据的是大数据的经验分析，缺乏一定的权威性。智能化的裁判包括裁判结果的预测和偏离预警，都可能导致司法上的错误，进而引发一些其他司法责任制度方面的问题。这是我总结的联结主义进路面临的合法性困境。

第四部分引入了“神经符号计算”的概念。这个概念是基于神经网络与符号系统之间的勾连提出的，这种思想的初衷是利用神经网络在学习方面的能力和优势，再利用符号系统在认知和推理方面的优势，把它们混合在一起从而形成法律计算的思想。所以，神经符号兼顾了学习和推理。

第五部分是对这个思路的展开，首先是对权威可扩展的法律规则库的建构。法律规则库的建构要解决一个法律推理前提的问题，我们的法律推理在很大程度上是由知识库、舆论库、规则库来决定的。其中涉及两个问题：一个是权威，另一个是可扩展性。权威主要是指法律规则库的权威性，可扩展性是保证这个法律规则库是可扩展的。这两个问题的解决主要通过引入规则学习和神经规则的两个思想来进行论证。

我们知道，我国是一个制定法国家，在制定法传统下进行司法人工智能建构，始终绕不开的是制度性权威问题。要想解决这样的问题，一方面，可以通过将法律规则的符号化规则表达为神经规则，将符号规则与神经网络进行结合，从而产生基于符号规则的条件要素之间集合的规则，当然它是一个神经单元，是一个自适应单元。这种神经单元也可以表达为命题逻辑所使用的语句，这种语句可以明显体现出符号化规则背后的必要条件要素。这样的话，在很大程度上就能确保规则库的权威性。另一方面，将神经符号嵌入初始的法律规则库之后，还需要考虑规则库的可拓展性，无论是概念层面还是规则层面，都通过规则学习来实现规则语义触角的延伸。

第六部分谈一下推理机制。在推理机制方面，主要根据前面讲的对神经规则的建构而展开的推理，实现规则要素与案件事实要素之间语义的匹配，通过这种匹配实现可视化、符号化的推理。当然，这个匹配过程是通过阈值函数来进行设计的，只有两种情况，要么是匹配成功，要么是匹配失败。如果匹配成功，就完成了有效的推理。如果匹配失败，就把这种推理归为一种例外的情形。当然在推理过程中，还会遇到一些其他情况。比如匹配的规则可能有两个以上，推理优先级部分主要解决的是规则冲突问题。通过推理机制的规范和解释分析，我们想指出，这种推理机制是可以进行规范化、可解释性分析的，其路径是从符号规则集合而来的神经规则回溯到符号规则，从而实现比较直观的符号语句的解释。这是一个基本的想法。当然，司法人工智能在协调公正和司法效力两种价值方面是有效工具，应该积极勾连两种不同的思维逻辑，可开展技术思维和法律思维的融合尝试，需要法律人深度参与。具体路径就是上面提出的神经符号规则法律计算的混合进路。

以上是我汇报的主要内容，谢谢郑老师，谢谢各位老师。

郑智航

非常感谢孙老师，孙老师对司法人工智能特别是从计算的角度进行了分析。下面有请清华大学法学院的卢震豪博士，他发言的题目是“个人信息合理使用的二阶层修正限制适用说——基于私营平台二次公开裁判文书批判”。

卢震豪

谢谢郑院长。尊敬的各位老师和学友，大家好，很感谢有机会能够参加这次论坛。

我的研究题目也是我的问题意识：私营平台的二次公开裁判文书到底有没有错？针对这个问题，先给出自己的基本观点，我认为私营平台的二次公开裁判文书并没有错，因此我就提出了“个人信息合理使用的二阶层修正限制适用说”来论证我的观点。今天的分享我分为三个部分，包括一个现象、一个问题以及两步研究。

首先是一个现象，为什么思考这个问题呢？大家都知道，个人信息对于裁判文书来说非常重要，例如我们讲的“梁雅冰案”，此案能够帮助我们法律界发掘很多要素。我们在尽职调查时，个人信息是非常好的把握点。这些年，国家非常强调对个人信息的合规使用，这就涉及裁判文书上的个人信息到底怎么处理的问题。法院的第一次公开是比较好办的，比较麻烦的是私营平台上的二次公开。它们会对裁判文书进行二次加工整理，以便公开给大家使用，为用户提供更好的体验。

这些平台删除了裁判文书上的个人信息，如当事人的姓名、法官姓名以及法院信息等，导致只能通过“梁某冰”才能完成搜索，因此很难通过个人信息实现知识谱系上的立体化建构。

其次，根据这个现象想到一个问题：为什么这些平台明知道会影响用户体验，还要搞这种过度删除呢？在我看来，这可能是法律的不确定性所带来的。平台宁愿过度删除、过度合规，也不愿意承担违反个人信息保护的风险。事实上，学界已经注意到这个问题，即私营平台的二次公开裁判文书上的个人信息是否具有法律上的妥当性。那么，既然学界有研究关注，为什么还会存在法律上的不确定性呢？大家都知道，由于司法的分歧，一南一北两地法院在类案中作出了不同的判决，像刚刚讲到的梁雅冰案，北京法院认为，即便梁雅冰个人拒绝公开信息，平台也可以二次公开。而在类案伊日克斯庆案件中，苏州法院却认为平台在个人拒绝后就不能再二次公开信息。这两个案子都没有适用《中华人民共和国民法典》（以下简称《民法典》）和《个人信息保护法》。那么，新的法律能不能解决这些问题呢？

接下来看一下成文法，成文法涉及教义学上的分歧。《民法典》第1036条规定了已公开个人信息的合理使用问题，也就是说，即便未经个人同意，合理处理这种合法公开的个人信息也是可以免责的。但同时，这个条款又规定了事后拒绝作为但书。与此类似，《个人信息保护法》也规定了合理使用与事后拒绝的相似的规范结构，具体体现为第13条和第27条。

虽然从字面解释看，有法律支持了苏州法院的观点，但是学者也提出了不同的教义学解释。或许因为学界太了解二次公开裁判文书对学术研究的重要性了，所以学者主张限制解释事后拒绝，也就是说，事后拒绝是不可以对抗合理使用的。然而我们仔细想一下，这种限制解说在《民法典》的第1036条是说不过去的，为什么作为但书的事后拒绝不可以对抗合理使用呢？于是，法教义学又再次引发了分歧。而我的研究就是要回应这种分歧，即平台的二次公开裁判文书或许具有法律上的妥当性，但过度删除裁判文书上的个人信息的行为，则是违法的。

最后，我通过两步法去分析这个问题。

先说第一步：私营平台在裁判文书公开上的妥当性问题。大家都知道，有一个司法解释文件《最高人民法院关于人民法院在互联网公布裁判文书的规定》，这个司法解释文件体现的是“应公开尽公开”的原则，但字面上主要规定的对象是法院。这个司法解释对私营平台是适用的吗？我认为是适用的。这个理由与今天的讨论紧密相关，因为我们要将裁判文书看作公共产品，将裁判文书公开看作公私合作的供应链，类似英国学者斯科特所说的规制理论，法院和私营平台通过数据供应链整合为自我规制的组织。这不仅规制了法院的依法公开问题，而且还是自我规制组织成员的约束守则，也就是说，这要求平台成员在对待裁判文书这种公共产品资源以及服务用户时，遵循这种最低的标准。由此看来，这个平台需要遵循司法解释“应公开尽公开”的规定，不得随意删除个人信息。在实际情况中，平台不免费使用这些个人信息，而是与法院订立许可合同的，这种平台类似美国学者讨论有益品时列举的特许学校的例子，虽然特许学校在名义上不受公立学校监管法律的规制，但事实上要根据特许合同，将法定的义务转换为合同义务，并且通过这种方式提供改进式方法，从而提供更好、更多选择的教义产品，就像平台提供更好、更多选择的二次公开的裁判文书。

再说第二步：个人信息保护妥当性到底是怎么样的。虽然我总体上并不反对限制解释说，但是我认为应该区分开《民法典》和《个人信息保护法》。事后拒绝不可以对抗《个人信息保护法》上的合理使用，但是可以对抗《民法典》上的合理使用。这里有三个理由。第一个理由是立法者有意将《民法典》上的合理使用和事后拒绝的但书结构拆分为两个条款，并将其放在了不同地方。《个人信息保护法》上的合理使用是可以存在事后拒绝的，也不存在《民法典》上的但书难题。第二个理由是《个人信息保护法》和《民法典》所发挥的法律功能是不同的，之所以在《民法典》的个人信息保护规范以外还需要《个人信息保护法》，就是要适应信息化的快速发展。所以事后拒绝所增加的教义成本，是不符合《个人信息保护法》中“快合理使用”的需要的。因此，要跟《民法典》上的“慢合理使用”区分开。

这是今天向各位老师和学友做的汇报，相关的阶段研究发在了社会科学研究网（SSRN），其中有关于二阶层的模型图表，欢迎大家一起分享讨论，谢谢各位老师和学友。

郑智航

非常感谢卢博士的分享。下面进入与谈环节，第一位是华东政法大学数字法治研究院副院长韩旭至老师，有请韩老师。

韩旭至

谢谢，感谢主持人。我们两位与谈人分了一下工，我主要针对后面的四篇论文。不过前面几篇论文中涉及的一些问题，我也想讲一下。比如江秋伟老师的论文，我发现作者在论证时可能混用了“公共数据”和“政务数据”，这两个概念肯定是不一样的。在提供公共服务的过程中或者公共运营部门中会经常出现公共数据，政务数据的用处则是狭窄的，它多出现在《数据安全法》里面，指向是不一样的。下面重点谈一下后四篇论文。

孟李冕博士的文章《自动行政答复——从简单性到合法性》，问题导向很好，问题在于文章既想说自动化，又想说行政答复，其实作者想说的就是AI行政答复错了怎么办——一方面是行政机关怎么办，另一方面是相对人怎么办。如果相对人相信了这个行政答复并由此干了些事情，是不是属于阻却违法？之前作者都说到了，但是缺乏一条明确的主线，有的话可能会更好。

董东晓博士在文章中提到只检索到一篇与其文章主题相关的博士论文，通常遇到这种情况的就需要思考一下检索方法是否恰当。对于数据垄断，2021年国务院反垄断委员会在《关于平台经济领域的反垄断指南》里就有谈到，《反垄断法》修改里也有谈到，不能说将其加到个人信息里面就是一个行为问题。作者似乎认为不允许平台管理个人信息就是反垄断，这就让我想到一个不恰当的比喻：不会做饭的歌手不是好的法学家。让国家管理个人信息数据库和反垄断之间到底是什么关系，可能是文章需要回应的。另外，要搞清楚这个数据库是不是符合目的限制原则。

孙庆春老师的文章，整个架构很好。我很想知道通过这个新的思路、新的方法，到底能不能解决司法人工智能中的政治性的不可化约、清理性的不可计算问题。

最后是卢震豪博士的文章。我也同意“事后拒绝可以对抗《民法典》的合理使用，不能对抗《个人信息保护法》的合理使用”。

这是我一些粗浅的看法，不一定对，请各位作者多多包涵。谢谢。

郑智航

好，非常感谢韩老师细致的点评，下面有请郭传凯老师。

郭传凯

感谢郑院长组织了这么好的活动。第一篇是江老师的文章。在数据资源、大数据技术的支持下，地方政府面临着数据自治局面下的数据和法治之间的张力怎么平衡的问题。在这个范畴下讨论地方立法中的公共数据，比如事先应该怎样去处理数字化，利用这样的数据在提高行政效能的同时会不会对法治原则造成冲击，以及算法决策的问题，这些确实是现在学界关注的重点。第二篇是韩老师的文章。韩老师的论文确实超出了我个人的研究范畴，我主要是研究竞争法的，也做一些个人信息保护和知识产权法方面的研究，但是针对刑法方面的职务犯罪问题，确实点评不了，可我觉得韩老师的讲解思路是很严谨的。第三篇是刘建臣老师的文章。对于建臣老师的文章，我的感受也挺深，他想表达几层意思。第一个是集成电路布图设计权，这个东西在版权和专利权上存在杂糅。第二个是在反向工程这件事情上，我们国家的《反垄断法》中是否不认为反向工程侵犯商业秘密？在这个问题上，对集成电路的保护还是需要进一步明确。第三个是期限问题，即两年和十年保护期的矛盾，这个问题确实值得研究和探讨。第四篇是孟博士的文章。我的主要感受是，行政相对人如果依靠 AI 行政答复作出了判断，那么行政相对人的利益应该怎么去保护，怎样追究相关行政主体的责任？这是一个比较重要的问题。由于时间关系，只能做这些粗浅的与谈，再次感谢郑院长，感谢各位老师，受益很大。

郑智航

非常感谢传凯老师的精彩与谈。再次感谢各位老师、各位同学的精彩发言，下面把主持权交给我的同事冯俊伟。

专题讨论（二）

主讲人：冯俊伟　山东大学法学院副院长、教授

报告人：祝高峰　桂林电子科技大学法学院/知识产权学院副教授

题　目：论个人生物特征识别数据的法律规制

报告人：孙　康　山东大学法学院助理研究员

题　目：权利框架下的面部识别技术：风险与规制的学理分析

报告人：姜　野　河北师范大学法政与公管学院讲师

题　目：算法规制中的数字向善

报告人：郑　琳　大连海事大学法学院讲师

题　目:自动驾驶汽车数据安全的沙盒监管构造

报告人:陈爱飞　中南财经政法大学法学院讲师

题　目:数据最小化原则在区块链个人信息保护中的适用

报告人:王齐齐　中共中央党校(国家行政学院)博士研究生

题　目:数据的内涵及其法律定位——兼议大数据、信息与数据的法律关系

报告人:王　蕊　南京师范大学法学院博士研究生

题　目:数字隐私保护的制度现状和制度探析

评议人:张平华　山东大学法学院教授

　　　　赵精武　北京航空航天大学法学院副教授

时　间:2022 年 12 月 17 日 15:30—17:00

方　式:腾讯会议

冯俊伟

各位老师、各位嘉宾,大家下午好,首先感谢大家参与今天的论坛,让我们开启第二阶段的专题讨论。

第二阶段有七位发言人,两位与谈专家。首先请桂林电子科技大学法学院祝高峰教授发言。

祝高峰

冯院长好,各位领导、专家、同仁,大家下午好,很荣幸有机会受邀参加山东大学的高端学术论坛。我今天跟大家分享的题目是“论个人生物特征识别数据的法律规制”,主要从两个方面给大家介绍:一个是个人生物特征识别数据的规制困境,另一个是个人生物特征识别数据的基本法律问题分析。2022 年生物识别市场增长率是 29.32%,到 2023 年的时候,生物识别市场的价值接近 520 亿美元。大家应该知道,生物特征识别数据的使用非常广泛,不光是智能手机以及智能汽车,甚至还包括物联网以及家里的智能设备等等。

之所以选择这个题目,是因为自己一直从事这方面的研究。在这里,简

单说一下自己对数据和信息的看法。我个人认为，个人生物特征识别数据和个人生物特征识别信息，在法律语境下是一个概念。在国外学者的表达和使用中，这两个概念是交互使用的。当然这里涉及个人信息和个人数据的概念，甚至涉及数据和信息的概念，就很广泛了，不再展开。

不管是美国关于司法的保护，还是我们关于个人数据的保护，国内学者在论到个人数据和个人信息时，都认为其本质上是相同的。当然，数据和信息肯定不是一回事，但是我们讨论的是法律语境下的界定。《民法典》第1034～1039条都涉及个人生物特征识别数据或者是个人生物特征识别信息，另外《刑法》第286条主要是计算机信息系统犯罪的一些规定，此外很难找到大范围的对个人信息或者个人生物特征识别数据的规定。另外，《中华人民共和国居民身份证法》共23条，只有第3条涉及指纹的信息，算是和个人生物特征识别有关。

现在来讲，不管是国外还是国内，相对来说都缺乏一个统一标准和规制依据。《个人信息保护法》以及《信息安全技术　个人信息安全规范》都涉及生物识别信息，美国的有些州也有生物特征识别信息的相关法律，但国家的标准还没有正式出台。

个人生物特征识别数据本身很容易泄露。2017年，美国征信巨头艾可菲(Equifax)声称，有1.4亿多人的个人敏感信息被黑客窃取。2018年，美国捷蓝公司向公众展示了第一个完全自动的登机门，该门使用面部识别技术来验证客户身份。我们会发现这里面有很多信息是混杂在一起的，广义上的个人信息可能还会涉及隐私信息、个人敏感信息、个人生物特征识别信息。我个人认为，个人生物识别数据相对重要一点。

不管是英文的《布莱克法律辞典》还是《牛津法律大辞典》当中，都看不到对“生物特征识别数据”的具体定义。我查询过自然科学方面的著作，有的说生物特征识别数据案例可以追溯到原始社会，但是我个人还是存疑的。生物特征识别数据和生物特征标识符，应该不是一个概念，一个是识别后的，一个是具体的被识别的对象。《韦氏大辞典》将生物特征识别界定为测量和分析独特的生理特征和行为特征，如指纹和语音模式，或者是虹膜、人脸识别，将其作为验证个人身份的一种手段。当然有些人把足迹和笔迹也当成个人生物特征识别数据，我个人则并不认同。

其实早期欧盟讲个人数据保护的时候，也没有涉及个人生物特征识别数据的保护。到出台 GDPR(《通用数据保护条例》)的时候，才简单做了一个界定，即通过与自然人的身体、生理或行为特征相关的特定技术处理所产生的个人数据，以允许或确认对该自然人的独特识别，如面部图像或指纹数据。我们国家的《信息技术　安全技术　生物特征识别信息的保护要求》和《深圳经济特区数据条例》等，不同程度地采纳了“个人生物特征识别数据”这一概念，但是认定的范畴和范围都不太一样，而且存在混用的情况。

我认为个人生物特征识别数据和个人生物特征识别信息不是一个概念。个人生物特征识别数据具有鲜明的特征——唯一性、不可替代性、可复制性，它与自然人应当是紧密联系的。生物的范围是很广的，我们讲的生物特征识别数据更多与自然人相关。再就是，适用一些规则和原则时应当有本质的区别，我们现在存在把规则和原则混用的情况，也不太合适。

感谢各位专家，希望大家多多指正，谢谢。

冯俊伟

非常感谢祝老师，祝老师讨论了一个非常前沿的话题——个人生物特征识别数据，包括它的法律性质、界定以及如何更好地规制，感谢祝老师。

下面有请孙康老师，他发言的题目是“权利框架下的面部识别技术：风险与规制的学理分析”。

孙康

谢谢俊伟院长。感谢会议主办方给了我一次宝贵的发言机会。当前，法学界对最基本的信息技术科技法学的概念、术语、学说，尚有一些不太统一的认识。我就以面部识别或者说人脸识别为例，做一个入门级的研究。

首先是面部信息的基本权利特性，我从一个非常传统的权利视角研究面部信息。第一，作为权利的面部信息与传统权利的相关性。这其实是一种权利泛化的现象，是随着技术发展应运而生的现象。我认为这种泛化并不是贬义词，而是一种中立的表述。在正式立法之前，这些新兴权利往往借助被承认的传统权利之外壳，率先登上司法实践的舞台，这是非常正常的。第二，主张面部信息是一种新兴权利，还是一种新型权利，这是近年来学界讨论比较热的话题。我认为它有三个特点，体现了它的独特性：第一个特点是具有自然性和非侵入性；第二个特点是可以远距离、隐蔽地被捕获，更容易获取；第三个特点是面部识别的误判率更高，比起传统的指纹识别、虹膜识别、静脉识别、声纹识别以及步态识别等，面部识别技术还不是特别成熟。我们在研究科技法学的时候，要注意到科学技术本身发展到哪个阶段了，我们要有一个预判，这恰恰是大部分文科生背景出身的法学研究者比较欠缺的想法，很多可能都是我们想象的，所以我们需要联系相关技术企业去进行实地调研。第三，面部信息更多带有人格和人文属性。“脸”或者说“面子”在中国文化中有特殊的含义，在日本、韩国、越南都有类似的呈现。我个人认为，个人信息权算作人格权的广义延伸，但是用人格权定义个人信息权并不合适。同时，与传统个人信息不同，面部信息还是一种生物资源。

我在这里指出了三重权利框架。鉴于人权、人格权和个人信息（权）是紧密联系的，而且面部识别技术在“权力—权利”体系中的位置需要明确，所以我准备创设三重框架。宪法是人权理念的最高规范载体，是确认个人基本权利的基础手段。人权是被公法强调的具有一般宣示性的权利，其外延也更广，它的保护手段主要通过民法等具体部门法实现。人格权更加具体，操作性更强，所以从某种程度上来讲，人格权是人权的核心，人权和人格权虽然有部分重合，但是人权概念包含个人向国家的主张。换言之，人权概念描述的是国家与人民之间的关系，它可以连接国家的权力和个人的权利，是横跨公私法领域的概念。我们不能以老套的公私法二分的观点来看问题，而是要统合在《宪法》第 33 条第 3 款下，国家要积极提供保护的义务。搭建这个框架到此还没有结束，对于面部识别技术的分析需求来说不完整。人格权本来就与财产权紧密联系，因为它们有共同的理念基础，这一点在美国宪法中有明确体现。它们的共同理念基础，即人性尊严和人格的自由发展。此外，人格权受到侵害，可能随之引发财产权纠纷问题。但是人格权和财产权毕竟具有天然的界限。个人信息（权）则既可能包含人格尊严也可能包含财产刑权利，解释起来比较方便一点。

作为人权新兴之下位概念的个人信息权的出现，统合了人格权和财产权的基本特征，集中统摄于人权保护的框架之下，暂时消弭了以上争议。这是我的理解。所以我认为，“人权—人格权—个人信息（权）”的三重框架是互通且立体的。三种权利分析子框架并无优劣之分。从人权到人格权再到个人信息权，是一个逐渐具象化呈现人的尊严与财产性交融的过程，它们逐步递进、互相补充，共同构成对面部识别技术权利分析的基本内容。

《民法典》第四编第六章将隐私权与个人信息保护并称的立法模式，说明目前《民法典》对“个人信息作为一种权利”仍然采取审慎的看法，并没有直接采用“个人信息权”这种称谓。但是，这并不妨碍我们把它作为一种权利进行事实上的保护。由于权利的保障需要付出相应的成本，所以在权利界定尚未明晰之时，要考虑如何促进削弱该权利的对抗性，从而降低社会成本。法律也是一门经济之学，时时注意社会成本的问题，可以促进相关事业高效发展。个人信息权是指本人依法对个人信息进行支配、控制并排除他人侵害的权利，我认为《民法典》是对它事实上权利的认定。此外，面部信息本质是一种生物信息，具有巨大的经济价值、国家战略价值，需要公私法协力配合进行规制。

其次探讨的是不同主体视角下面部识别技术的规制原则，当然要强调的是，主体主要包括三类：第一类是公权力机关，国家机器；第二类是科技企业；第三类是具体的用户个人或者公民。我认为，公权力机关可以采用比例原则，针对科技企业采用诚信原则，针对用户个人采用自愿原则。当然，并不是说公权机关就可以不讲诚信原则或者个人不采用诚信原则，而是他们主要采取某种其他原则。

为了落实“三原则”，有必要提出成体系、可操作、有针对性的应然之策，以便为具体实践赋能。第一，针对比例原则，有两个要求：第一个是公权机关对公民使用面部识别等无差别识别技术应当特别审慎，不但要防止信息泄露，而且非合理必要和未经合法授权不得使用。《民法典》第 1039 条对此也已经有规定。第二个是在具备强大技术能力的互联网及软件企业面前，用户个人处于相对弱势地位，无法也无力对抗其强大的技术与经济实力，需要寄希望于公权机关的有效介入。公权力机关在这种场合下不能袖手旁观。《中华人民共和国刑法修正案（九）》第 253 条有一个严惩措施，这个值得考虑。根据比例原则的要求，这种规制措施是不是适当，是不是符合三个子原则的要求，需要进一步研究。动不动就使用刑法的话，可能这个产业也会被扼杀。我还要提出一些相关建议，如建立并完善特别许可使用制度及禁用黑名单制度，等等。所有商业类用途的面部识别，必须就数据的收集、管理、使用等事项，向政府请求权限、作出保证并自觉接受政府监督。行业监管部门应当监督科技企业的准入门槛、规则条款等，明确平台对算法管理的详细责任，尊重市场规律，充分发挥市场的调节效应，发挥制度的弹性作用，形成遵规守法的竞争机制，避免垄断。

第二，科技企业要遵循诚信原则。为商之道贵在诚信，无信不利，科技企业对面部信息的收集、管理、保存和使用必须遵守诚信原则，不能破坏这个原则。从广义上讲，诚信原则可以规制公权机关，但是这里主要是讲规制科技企业，因为科技企业直接掌握了面部识别所需的科学技术，还有海量数据，责任风险都比较大。从技术层面讲，面部识别技术对采集到的照片、视频及读取的证件信息等数据加以存储，其存储形式不是影像存储而是代码存储，是数据，要加强对这些数据的管理，这是诚信规则最基本的要求。

第三，用户个人要落实自愿原则。科技伦理治理致力于维护人格尊严，需要自愿原则的有效落实。与公权力主体不同，科技企业和用户个人均是私主体，科技企业所遵循的诚信原则以及用户个人所践行的自愿原则本身是一个硬币之两面。此处之所以强调属于用户个人的自愿原则，是为了突出用户不可让渡的意思自治权利，这也是用户提出救济的权利来源。《民法典》1019 条有相关规定，比如肖像权的使用，第 999 条的豁免情形，还有 1038、1035 条都有零散规定。但是以上“同意”还是非常抽象的同意，而台湾地区公务机关对个人资料进行搜集或处理，还需要经当事人书面同意。这是更具象化、形式化的同意。强调个人用户自愿原则，并不是主张对面部信息在任何情况下都是绝对的自主支配，这又是一种误导，而是倡导一种可删除的有序共享，才可能促进有价值的信息流通。我们讲，一味规制、限制企业或者国家对用户数据的使用，其实也是另一个极端，这是不科学的。我们既要规制，也要引导，必须两手抓。《中华人民共和国网络安全法》第 43 条特别规定明确了用户对自己数据的自我决定权。

这些法律法规都表明了我国相关部门对用户知情同意原则的规定，也在结合具体情况予以适度调整，不是绝对化倾向。法律本身是关于诚信程度的学说，而不是绝对的权威学说，所以该怎么把握这个度，是我们努力的方向。作为涉及公民个人隐私的具体权利，以面部信息为代表的个人信息权，究竟以哪种形式、到哪种程度才可以或然性地超越个人自愿原则，还需要进一步审慎细化。这个也要随着技术的发展作出调整，毕竟立法虽然希望超前，但是也要实事求是，看技术发展到什么阶段。我们也要做法律的联想和推理。

最后简略提一下“三原则”之间的关系。三原则协调发挥作用，本质上共同追求限制公权力、捍卫私权利，但是要防止监管失效与权利泛化等次生风险。如果公权力机关不能严格依据比例原则行事，就会打击科技企业遵循诚信原则的积极性，并会直接剥夺用户个人自愿原则。依照现代法治基本精神，公权机关以法定方式管理国家事务，需要履行忠实义务。作为私主体的科技企业及用户个人，应当依法履行信任义务。所以诚信原则是三个主体共同的价值追求，人无信不立，不管是国家、企业还是个人，都是人构成的，只要是人，就必须有诚信原则。在比例原则和自愿原则之间，诚信原则可以起到平衡的作用，通过促进相互信任减少社会总体成本。诚信原则可以纠正政府监管部门因奉行比例原则过于克制，在制度上仅重视严厉责罚，忽视激励性监管与企业自我合规的应用，进而诱发科技企业失范的行为。

个体在信息处理活动中的权利，可能会损害他人、集体乃至整个社会的合法权益。所以诚信原则不仅是科技企业应当奉行的原则，而且也是公权机关和用户应当遵循的原则。诚信原则能够促进“三原则”有效衔接，也能有效融入其他两原则之中，如此方可最大限度地避免面部识别技术引发的问题。

当然我这个研究还处于初步阶段，刚才的内容也大概表明了我研究的成果，希望各位不吝批评指正。谢谢。

冯俊伟

谢谢孙老师。孙老师对面部识别技术的研究超越了传统的“权力与权利”划分的视角，从人权、人格权和个人信息权的三重权利框架，对不同主体下面部识别技术的运用和规制做了非常全面和深入的分析。

下面有请河北师范大学法政与公管学院姜野老师发言。

姜野

谢谢冯院长。我发言的主题是“算法规制中的数字向善”。我将从以下四个方面展开论述，分别是人类生存状态的数字化转型、数字化生存中的算法应用及风险、数字向善对算法规制的价值指引和数字向善的实现路径。这个问题在本单元的发言主题中比较宏观，涵盖理论比较宽泛，前面两位发言人主要围绕面部识别技术、生物特征识别技术的法律规制展开，我想算法规制中的数字向善，在面部识别的治理领域很重要。

第一部分，当前我们呈现出的一种数字化生存的样态，主要表现为三个方面：信息结构化、行为度量化和思想数据化。在信息结构化中，以往面部的信息是不能作为结构化处理的，比如之前说的丹凤眼、吊梢眉、瓜子脸，这样的形容词都是主观的看法。但是随着信息结构化技术的发展，我们能够给面部特征和面部数据打上各种各样的数据特征向量，通过对向量的描述，对其进行分析和处理。行为的度量化体现在生物识别信息以及行为或生物的数据处理方面，比如步数、医疗数据，是对算法的推荐、算法的窥视。美国科学家尼葛洛庞蒂(Nicholas Negroponte)认为，在广大浩瀚的宇宙中，数字化生存能使每个人变得更容易接近，让弱小孤寂者也能发出自己的心声。但是，这是一种非常乐观的想象和设想，在实际生活中，尤其是在健康码、行程码的处理当中，有很多老年人、弱势群体无法融入数字化生活当中，法律数字向善也应该予以解决和价值指引。

第二部分是数字化生存当中的算法应用及其风险。对于算法的风险，从2017年人工智能与法律相结合开始，我们就已经有了非常广泛的论述，主要集中在算法的歧视、霸权、规训、黑箱、伪造、数据掠夺等方面。两周前网信办联合两部委共同出台了《互联网信息服务深度合成管理规定》，也体现了我们对深度伪造问题的关注。

第三部分是数字向善对算法规制的价值指引。数据的掠夺问题主要是因为对数据所有权的问题没有一个明确的界定，所以数字向善要求我们在收集端、使用端都要有善的指引。在相关的概念当中，我区分了数字向善、数据向善和科技向善三个概念。“科技向善”概念是腾讯最开始提出的，主要指科技企业在开发技术过程中向善。数据向善，我认为它的涵盖面比数字向善要小。因此，我提出“数字向善”能够涵盖“数据向善”与“科技向善”两种概念。

在算法法律属性的探讨当中，有自由言论说、知识产权说，还有科技人工智能的法律主体说几种主流观点。当然，这些都存在一定的片面性。既要肯定它有自主性的一面，不能忽视它的黑箱特性，同时又要让其在价值指引方面做一些努力，让数字向善能够在算法的规制当中发挥特定作用。以下数个方面共同构成了数字向善的价值指引。

首先是自由，前面几位老师也提到了知情同意的制度构建，比如我们什么时候能够在知情的状态下作出同意的决策，以及我们同意撤回的相关规定。其次是平等，算法的个性化定制赋予了决策系统区别对待的权力，这种个性化定制的趋势，势必会对长久以来的规制模式形成巨大的冲击。因此，我们一定要通过平等价值指引抵抗特权化的出现。再次是安全，主要是围绕系统、科技伦理、科学技术的鲁棒性和抗干扰性，以及数据的安全性、数字存储的安全性来说的。最后是真实，在算法规制当中，主流的、常见的路径包括提高算法的透明度、可解释性、可靠性、可控性、可审计性。

第四部分是数字向善的实现路径。完善数字人权的保护机制，要从增强算法开发的人权理念，强化算法的道德习得能力，提升数字弱势群体的参与度以及培育数字素养与算法认知几个方面，共同达成算法规制和数字向善。如此，便能够实现在算法规制当中，通过数字向善让算法更加合规，让科技更好地发展和得到使用。

这是我报告的内容，请各位专家学者批评指正。谢谢冯院长。

冯俊伟

谢谢姜老师，话题非常前沿，既讲到数字向善中的四个重要价值，也阐述了在算法规制中数字向善实现的几个路径，给我们留下了非常深刻的印象。下面有请大连海事大学法学院郑琳老师发言。

郑琳

各位老师，下午好，非常荣幸有这样的机会就我近一年来关注的自动驾驶的主题做一个分享。今天我报告的题目是“自动驾驶汽车数据安全的沙盒监管构造”。自动驾驶是这几年非常热门的研究领域,当然这里面存在的问题也很多,我这次报告的题目主要是聚焦于数据安全的问题,因为我本人是研究行政法的,主要从监管的角度提出我的初步想法。

报告主要分为几个方面,先谈一下目前自动驾驶汽车既有的数据安全和存在的一些问题。我们都知道,数据安全是现在非常受关注的问题,特别是在自动驾驶领域,之前也曝光了很多事件,比如特斯拉的隐私安全问题,滴滴自动驾驶领域的安全问题。为什么说现有的自动驾驶汽车的数据安全存在不足呢?我觉得第一个问题,体现为监管主体的多元化导致监管权限不清。目前相关的政策文件,包括深圳、上海关于自动驾驶数据安全监管主体的立法,分散在很多方面。传统认为,数据监管一般以网信部门为主,但是从国家出台的很多政策文件来看,工信部门在数据安全方面也有自己的理解,涉及事故安全的数据时公安机关也非常关注,涉及道路运输的数据时交通运输部门也很关注。可以看到,监管主体的多元化,导致存在谁主要监管的问题,因此监管权限不太清晰。

第二个问题是监管对象缺乏清晰统一的分类标准。国家相继出台很多文件,每个文件里面都涉及信息和数据划分的类型和标准。除此之外,行业内部有些数据内容是重复的,但有些是各有特色的,由此可以看出,国家部委制定的规范性文件对自动驾驶数据的分类没有形成明确标准。行业内部也有自身对自动驾驶汽车数据类型划分的理解。因此,对自动驾驶汽车的数据安全缺乏针对性监管。

第三个问题是当前关于自动驾驶汽车的数据安全监管,缺乏整体性的治理。我们知道,自动驾驶汽车数据涉及很多环节,包括采集、利用、共享、出境等方面,既有的国家政策层面的文件做了一些规定,但是很多时候这些规定往往侧重于采集端和出境端,但其实对大家真正关心的自动驾驶数据互联共享的问题,监管力度还不是很够。因此我认为没有形成全过程的内在监管的逻辑和体系,这是第三个问题。

除此之外,我个人认为,虽然说自动驾驶数据安全监管在一些文献中体现了合作监管的理念,但是合作监管的程度应当说是远远不够的。我们都知道,合作监管需要监管部门和私主体采用多种手段在监管领域相互作用,但在监管手段和监管主体的权力及责任分配上现在做得还远远不够,因此没有建立比较科学化的监管模式。

为什么谈自动驾驶汽车数据的安全监管要引入沙盒监管呢？我们知道，2022年五部委出台了《关于试行汽车安全沙盒监管制度的通告》，所以对整个自动驾驶产业进行沙盒监管是一个趋势。但其实这个文件里也存在一点缺漏，在自动驾驶等重要的数据安全方面，还缺乏更细致的、深入的具体措施，特别是在监管措施方面，还是有许多亟待完善之处的。沙盒监管不是法律术语，它最早源于计算机科学领域。当然，在金融科技领域也有很多学者做了相关研究。沙盒监管是比较安全的空间，企业可以在其中测试它的创新产品服务和商业模式，而且它不会导致企业立马承受违反现有法规的监管后果，具有时限性、包容性、灵活性和主动性的特征。

为什么要在自动驾驶汽车的数据安全领域引入沙盒监管？我认为，自动驾驶汽车的技术风险和金融科技的技术风险有相似性，它们都源于新兴科技领域，风险具有不确定性。一方面需要创新来促进产业的发展，另一方面也需要通过监管来防范可能的风险。据我观察，美国、德国等发达国家已经开始通过建立监管沙盒，在一定条件下和特定范围内针对车辆应用的前沿技术进行深度安全测试，确保现有监管体系不会阻碍创新产品和新技术投入市场了。可以说，在国外已经有成熟经验可供借鉴，这也是非常重要的前提。自动驾驶汽车沙盒监管打破了传统的监管模式，将政府监管、企业自我监管、合作监管有机融合在一起，并且注入了包容审慎监管和实验监管等新型的监管要素。我个人的看法是，包容审慎监管仍然是沙盒监管的内核，对于自动驾驶这样一个新的交通运输的产业，应提出实验性监管的要求，包括多方涉入的互动监管，以此带来监管体系的变革。

在数据安全领域，首先要确立专责的监管机关，针对这一点目前都达成了共识。目前主要在国家市场监管总局下进行沙盒监管，建议在这下面设一个专门负责自动驾驶汽车数据安全监管的大数据与人工智能的委员会。其次，针对自动驾驶的数据进行分级分类监管。在此基础上，构建具体的监管规则。当然，我认为还有一个非常重要的方面，现在的监管除了在采集端、出境端注重监管以外，在存储环节、共享环节同样有数据泄露的风险，因此要注重全过程的监管。最后，我认为还需要通过企业自律、信息公开、公众监督、行政指导以及质量服务的监管措施，共同组合适用，实现合作监管。

冯俊伟

谢谢郑老师和我们分享了“自动驾驶汽车数据安全的沙盒监管构造”，为我们详细介绍了什么是沙盒监管，包括沙盒监管如何引入自动驾驶汽车数据安全领域，这都是很重要的方面。

下面有请中南财经政法大学法学院陈爱飞老师发言。

陈爱飞

谢谢冯院长，谢谢各位老师。我汇报的题目是“数据最小化原则在区块链个人信息保护中的适用”。

首先要关注一个问题，即区块链在个人信息保护中存在两种作用：一个是正面作用，比如它在我们国家的健康码领域得到了应用；另一个则是负面影响，也就是本文所关注的兼容性问题。现在区块链的技术特征，与我们国家现有的《个人信息保护法》的相关法律法规和框架，还有我们所说的数据最小化原则存在不兼容的地方，这是本文关注的重点。本文讨论的核心问题是如何就数据最小化原则在区块链个人信息保护中的适用提供理论基础与实现路径，从理论与技术两个维度实现数据最小化原则与区块链特性的兼容。

研究思路主要从两个方面展开，第一个是从法理的层面阐释链上数据最小化原则背后的理论依据、法理基础和理论权源；第二个是逻辑架构，在阐明法理基础上分析区块链特性和数据最小化原则之间的内在张力，再通过法律解释和技术设计并构的宏观架构提出怎么实现二者的兼容。

关于法理部分，链上数据最小化原则的基本要义其实很简单，它来源于我们所说的数据最小化原则在区块链平台的延伸。区块链角色定位是什么呢？应该定义为软件层。把链上数据最小化原则放在区块链平台领域，“链上”两个字就体现出来了。这个原则既是对区块链上个人信息处理的法定限制，也是兼顾个人信息保护与链上数据处理的重要体现，具体的要义就从数据最小化原则本身的要义展开。

关于它的理论权源，第一个是要回归个人信息保护的基本权利定位，比如回到《宪法》中的规定、《民法典》的规定以及《个人信息保护法》的规定，为它的权利地位提供宪法和基本法的基础。第二个是从必要原则切入，最小必要原则和数据最小化原则某种程度是可以等同的，国内某些学者就是将数据最小化原则作为最小必要原则看待。从必要原则切入，就可以判断出面向数据最小化适用，具有明确的规范依据。虽然有些法条中没有使用“数据最小化”的表述，但是从最小必要切入去找法律规范，是可以找到的。第三个是从域外数据最小化原则的立法源流来看，可以发现数据最小化原则在链上以及网络平台上呈现出国际化与普遍性的趋势，这是它的发展方向。

关于适用困境，还要考虑到刚才所讲的内在张力的问题。今年《南京社会科学》上发表的《解释论视域下的区块链个人信息删除权》一文里也讨论了这个问题，区块链的特性和《个人信息保护法》中的基本权利存在一定的潜在冲突。比如我们这里所说的区块链内涵的独特元素可能导致链上数据的普遍可访问性。要知道区块链本来的特点就是可访问性，而且如果要对链上的数据进行修改、删除，将会面临很大的困难。在这种情况下，如果链上数据一直存在，其实就是对数据最小化原则的一种违背。

数据最小化原则在区块链上的法律解释缺乏法律确定性。对它的法律解释，不能仅仅局限在数据最小化原则本身的含义，还可以讨论那些和数据最小化原则实现相关的权利，比如修改权、删除权。它们为什么在普通的数据删除中可以实现，但是在区块链上就难实现呢？有没有特定的方式来对它进行替代？这是它关注的问题。所以，怎么从法律上解释链上删除或者链上修改就是一个问题了。

如果区块链上存在超出处理必要的冗余数据，与数据最小化原则相违背，就要通过数据运用的删除权和修改权实现链上数据最小化。透明与匿名的反向关系使匿名化标准在链上难以实现。现在公共链有很流行的算法，就是公开透明，但是数据最小化有时候会对匿名化、去标识化有一定要求。在这个过程中，透明和匿名就会呈现反向关系，就会使得链上的透明和匿名的要求产生矛盾。链上数据被识别的可能性存在着保护状态不确定，以及怎么删除，删除或者匿名之后能不能被识别的问题。即使匿名以后不再属于个人数据，也可以通过其他特质来判断这个数据本来的信息。实践中，匿名化的风险也是难以消除的，而区块链的匿名化程度越高，问题越严重。

本文的总体思路，则是法律解释与技术设计并重的宏观架构。首先从法律解释层面看，要考虑如何发挥《个人信息保护法》等相关法律规范的指导作用，怎么解释链上数据最小化的删除、修改。其次是从技术设计层面看，可以用隐私设计理论作为链上数据保护的基础。考虑通过一些替代性的方案，区分绝对最小化和相对最小化（相对最小化就是前面所说的替代性方案），使数据不被访问、不被删除、不被浏览。最后是与数据最小化原则相关的数据保护法具有足够的延展性和暴露性。

信息隐藏具体是一种方式，是链上数据最小化的相对性转换。这里提到了非交互式零知识证明，这是一种方案。2023 年 5 月要实施的《信息安全技术　个人信息安全工程指南》里面就提到了这个内容，具体就不展开了，它的内涵其实跟本文提到的内容一样。个人信息的链外存储是一种符合链上数据最小化的技术方案，即把一些数据放在链外，链上看不到。通过一种方式联系起来，也是一种策略。

最后是我们所说的有限制地使用私有链，我们国家对私有链是实施管控的，而私有链本身又有特定群体。它本身是一种实现链上数据最小化的解决方案，只不过这种方案可能在特定范围内主体之间进行传播，所以只能将这种私有链作为备选或者补充性手段，这是我们所说的一种解决方案。总体的思路是，通过法律解释和技术设计来实现链上数据的最小化。最后要明确，区块链是具有中立性、透明性特点的信任保障平台，必然应以非歧视性的方式保障用户对其自身链上或链外个人数据的访问。在这个基础上，建立一个基于公开性、信任性、隐私性、互操作性原则的链上数据最小化的法律解释与技术设计框架。

这是本文研究的问题以及提出的解决思路，请各位老师批评指正。

冯俊伟

谢谢陈老师，主题非常新颖，也非常重要，里面有很多我平时关注不多的知识。按我的理解，陈老师最后提出了法律解释和技术设计双重路径作为解决问题的方案。下面有请中共中央党校王齐齐博士。

王齐齐

各位老师、同学，大家下午好，很荣幸今天有机会在这里和大家共同交流。今天我汇报的题目是“数据的内涵及其法律定位——兼议大数据、信息与数据的法律关系”。

数据亦或者说大数据是近年来法学界关注的一大热点。个人数据如何保护、企业数据如何归属、政府数据如何开放、数据主权如何维护等一系列问题，在当下引发了大家的广泛关注，算法、人工智能、区块链、元宇宙等前沿以及超前沿的问题，大多以数据来展开。但是，现有的法学研究多禁止展开实践路径的构建，忽视了作为研究基础的数据的本质，甚至混淆了数据与信息、大数据等概念的法律关系。为此，本文就以数据定义与客体属性为切入口，论证其在法律中的定位，并阐述数据与大数据信息概念的关系，以期为开展数据法学相关问题的研究提供一定的参考和借鉴。

本文主要分为三个部分，分别为阐述数据的法律内涵，明确大数据之于数据的法律意义，以及辨析数据与信息的法律关系。

第一部分：阐述数据的法律内涵。数据并不是现代社会的产物，其伴随着人类文明的诞生而诞生，人类先民在观察和量度外部世界时，基于自身“数觉”对客观事物及其相关关系和运动过程等进行记录的抽象表示，形成了早期的数据概念。20世纪后期，伴随着计算机的普及，传统现实世界中的事物和现象逐渐以二进码的形式存储在计算机中，数据在数量、类型、速度等方面均达到一个前所未有的阶段。数据因此真正受到分析并获得全新阐释，从传统意义上的记录和计量数值，扩展到包含文字、图表、音视频等可以通过计算机表示的代码。基于数据的演进历程和当前的技术形态，本文提出了目前法学界展开研究的数据，主要是指通过计算机或其他信息终端及相关设备组成的系统收集、存储、传输、处理客观记录而产生的电子数据。当然，这并不是排除社会中存在的其他非电子数据，而是因为目前社会中存在的其他客观记录，大多数都可以通过计算机或其他信息终端技术数字化处理，以二进码的形态在计算机系统中出现并进行梳理和传输。

在明确数据概念的基础上，本文进一步将数据的一般性概念放置在法律框架下去考察，探究其机体的法律客体身份。本文根据法学的一般性原理，提出法律在调整社会关系的过程中形成法律关系，法律关系中的客体是权利和义务存在的前提和指向，依据法学基本原理，判断数据这一特殊存在是否可以存在法律关系客体的关键，在于考察其是否具有自在之、有用之以及为我之的最低限度特征。

所谓“自在之”，是指客体可以与主体相分离，为自在之的关键在于数据是否可以独立于人类的主体而存在。本文提出了数据的客观性使其满足自在要素，即数据作为客观事实记录，天然是无视人的主观性的。所谓“有用之”，则是围绕数据可能产生利益冲突，不需要作出利益判断并明确其归属而展开的。本文提出，数据的价值性是其符合有用之的要件。当前，数据已经成为第七大生产要素，进而催生一种新的经济范式——数字经济。所谓“为我之”，是指数据只有被人类控制，才由法律来调整。随着相关技术的不断升级，数据早已可以为人类所控制，通过计算机代码，数据得以确定并可以再现、被控制、被反复使用，满足“为我之”的要件。

综上，本文提出，数据是客观的存在，具有价值性，并可以通过人类、计算机代码等手段控制，可以成为法律关系的客体，纳为法学研究的对象。

第二部分：明确大数据之于数据的法律意义。在明确数据的法定内涵之后，本文的第二部分进一步讨论了与数据最为密切的大数据概念。这是因为在当前的研究中，关于大数据与数据之间的关联处于一种混淆状态，以至于不少研究者直接采用大数据的概念替代数据的概念来进行法学研究。辨析数据和大数据的关系，是展开数据法学研究的前置性要件。

本文从本体论和时代背景两个方面，论证了大数据之于数据的意义。一方面，在本体论意义上，传统的小数据概念被大数据所指代的数据集合概念取代，大数据集合以容量大、类型多、存储速度快、应用价值高为主要特征，其较于传统信息时代的小数据来源更为广泛，也由此开始承载一定的财产利益、人格利益、主权利益以及社会公共利益。另一方面，大数据不仅在本体论上由数据集合的概念替代了数据的概念，而且更深刻影响着人类之间的交互方式，以及由此产生的社会关系。这是因为大数据并非全部沿着人类所预想的理想化状态向前发展，收集、使用、流通数据往往引发各种社会问题，例如数据安全、算法提示、数据霸权等，大数据产生新的社会风险，促使着我们对其进行理性审视和全面评估。基于此，本文认为，大数据并非纯粹客观的数据存在，也并非是纯粹的技术难题，其引发的诸多问题具有法律内涵。

第三部分：辨析数据与信息的法律关系。在法学学科应用中，一度出现了将数据与信息未加严格区分而混同使用的情况。例如，《〈中华人民共和国民法总则(草案)〉一审稿》中就使用了“数据信息”这一混合用语。本文认为，理清数据与信息的法律关系对于展开数据法学的研究具有重要意义。数据和信息这两大概念及相互关系，是信息科学、计算机科学等自然科学研究的基本内容，因此本文梳理了数据与信息在自然科学研究范畴的一般性关系，主要采纳了信息论中著名的 DIKW 链式理论，认为数据是对客观事物感知形成的原始记录，对数据进行加工处理、建立联系而形成了信息。归纳而言，在自然科学领域，数据与信息的关系是：数据是信息的载体，信息是数据的内容。尽管从计算机科学的角度可以区分数据与信息为载体与内容的关系，但从法律的角度看，这种区分的实质价值较为有限，数据与信息的概念在法学研究和法律条文中长期处于一种混淆状态，尤其是个人信息和个人数据的相关概念，更是呈现出难以区分的状态。

本文赞同依据符号语言学关于指号、语义和语用三个不同层面来辨析和区分数据与信息两个概念的异同。本文认为，应将数据划分为物理层、符号层和内容层三个层面。作为数据建设的物理层，主要是指存储数据的电子设备。而数据本身的内容层则是指数据通过计算机存储、流通和使用的客体，而数据解析后的内容层则是各个数据解析后所隐含的信息内容。基于符号数据和内容之间的关系，以及两者存在的不同利益，本文认为法律需要对数据和信息进行区分规制。

数据脱胎于人类的数据，发展于计算机时代的电子数据，成就于大数据。当前的法学研究和立法实践必须立足于大数据时代社会关系的根本性转变，区分符号数据和内容信息对人类主体具有的不同价值，着眼于数据组建具备的资源价值及其引发广泛关注的原因，以数据的本质为基础开展数据法学研究和数据法律构建。

以上是汇报的主要内容，由于学识所限，存在诸多不足之处，请各位老师多多指正。

冯俊伟

谢谢王齐齐博士，下面有请南京师范大学法学院王蕊博士发言。

王蕊

谢谢主持人冯院长。尊敬的各位老师，大家好，很荣幸能够得到今天这个宝贵的学习机会。今天我汇报的是“数字隐私保护的制度现状和制度探析”，欢迎各位老师批评指正。

我主要基于中国、美国和欧盟的经济体数据隐私保护现状，探讨整个数据生命周期中具有针对性和差异化的保障措施，以此建立起符合数据本质并且切实有效的数据隐私保护制度。接下来我将从三个方面进行简单介绍，分别是数据隐私保护的问题缘起、个人生物识别中的数据隐私、数据隐私保护的制度现状以及路径优化。

2020年的人脸识别案，想必大家已经很熟悉了，学界讨论得很多。当时是杭州市富阳区法院作出的判决，要求野生动物世界删除郭某在办理年卡时所提供的面部特征，并且支付了权益损失和交通费。这个案例中所提到的人脸识别技术与其他的生物技术相比，具有快速性、不可复制性等特征，在无知觉捕捉到完整的面部信息的过程中，存在许多违反规则、超越边界的情况，侵犯了相关权益主体的自由权、隐私权、平等权、安全权益以及私人生活安宁。而人脸识别技术的核心，也就是个人生物识别数据，是一种典型的隐私性个人数据。美国的脸书因为使用了人脸识别，在用户个人信息上做了标记而被处以巨额罚款。瑞典的一所学校在没有经过注册的情况下使用人脸识别技术，违反了GDRP(欧盟《通用数据保护条例》)中关于隐私的规定，因此遭到了处罚。由此可见，个人生物特征识别数据的运用，不仅仅是涉及个人，也涉及技术人员、技术提供者、技术管理者等众多主体，关系到个人的人格和财产权益，也关系到公共利益和社会安全。从数字隐私安全的法义视角看，它具有多元化、复杂化的法律特征，同时具有复杂的权利属性。一旦泄露，就会导致大量的侵权行为。

个人生物特征识别已经引起了很严峻的数据隐私权益问题。我国目前虽然出台了有关数据安全和保护的法律，但是并没有隐私法或者个人数据保护法等专门立法，也没有对数据隐私涉及何种权利作出明确规定。数据隐私并没有被列入《民法典》和《数据安全法》中。《个人信息保护法》全文也没有包含“隐私”和“数据”这两个词。我国的《数据安全法》旨在解决数据主权和国家治理的问题，以应对美国和欧盟的长臂管辖的。

《民法典》第1033条对侵犯隐私的行为种类进行了划分和定义，第179条和《侵权责任法》的第15条，对隐私权的救济方式也进行了规定，其中包括停止侵害、排除妨碍、赔礼道歉等。但是总体来讲，我国现行的数据隐私保护相关法律法规常常以个人信息为对象，在一定程度上也是初步构建了数据隐私保护框架。但是对于数据隐私而言，传统的隐私权的救济方式，可以但是并不能完全适用于数据隐私。侵犯数据隐私的救济渠道，也有待进一步健全。走在数据隐私权益保护前列的是欧盟和美国，欧盟的权利话语将数据隐私人权化视作公民的基本人权；而美国的市场话语，把数据隐私当作应当受到保护的市场权益。它们都有一个共同的特点——给予了个人充分的选择权。

当然，我们并不是说要成为它们，而是要融会贯通，去芜存菁。和美国、欧盟、东盟相比，中国数据保护制度应该更加注重实现国家安全、数字隐私权益保护和促进经济发展三个方面的均衡，从而实现数据多元全面的保护。

目前，对数据隐私保护的路径设计，可以从保护机制做起。例如数据源头监管、数据风险管理，等等。此外，要加强数据使用者和数据处理者的责任意识，以此来完善数据隐私保护体系。具体来说，在数据的每个生命周期，都有可能发生数据隐私泄露问题，全流程的保护体系就需要对数据生命周期的每一个环节进行精准界定，并据此进行保障。在数据的收集阶段、储存阶段、加工传输阶段、公开阶段、删除或者销毁五个阶段，分别采取措施，将数据收集范围最小化，对敏感数据进行模糊处理，加强对违法数据来源渠道的惩罚以及运用区块链技术保证敏感数据的传送流程透明可视。这些方法可以在一定程度上构建数字全周期的数据隐私保护体系。这部分的内容，我是受到赵精武老师发表在《交大法学》的《从保密到安全：数据销毁义务的理论逻辑与制度建构》一文的启发。在数据生命周期的最后阶段，销毁比删除更为重要。它通过一定的标准可以彻底终结数据的生命，完成数据销毁，以此降低数据非法复原的风险。

与此同时，个人认为，很少有国家或地区接连出台数据保护和信息保护两种不同的法律规范，我们可以以《个人信息保护法》的修订为突破口，以数据和信息的共同规定为根基，把数据与信息并列使用，或者说把个人数据纳入个人信息的范畴，为数据隐私的立法保护奠定一定的基础，同时也可以确立公平原则、数据不过量原则、数据保持更新原则，这在一定程度上可以调和数据隐私权益与公众知情权及经济发展之间的违和。在跨境数据流通方面，2022 年 6 月以来，我国数据监管机构发布了一系列范围广泛的法律法规，为跨境数据传输保护机制提供了很多细节指导，其中就包括《数据出境安全评估办法》以及《数据出境安全评估申报指南》等。通过研读和对比，可以发现尽管中外数据跨境标准存在着很多共通之处，例如在法律依据和制度设计，传输双方和第三受益人的权利内容等方面很相似，但是基于中外文化之间的差异，各自制定的关于跨境传输数据发生泄露后的救济措施和通知也是不同的。相比较而言，中国的标准对数据出境、跨境传输的限制和监管更加严格一些。

当前，国内像北京、上海这些地方也在不断细化实施方案，对数据跨境交易开展有益探索。但是过于强调数据本地化，也不利于数字经济的创新和发展。所以我们也要积极打造应用场景，在保证数据安全和数据隐私的前提下，打造切合区域特色的数据跨境业务，以开放和促进数据流通的姿态，去积极推动数据的跨境流通。总而言之，在数据隐私保护上，各国制定的法律表面上各有差异，但都符合相应的规则，既不能只为发展经济而忽视数据隐私保护，也不能因为过分保守而错失时代的发展良机。

我的汇报就到这里，谢谢各位老师。

冯俊伟

谢谢王蕊博士，对数据隐私保护做了非常细致和全面的阐述。感谢本单元的七位报告人，在选题和内容阐述上都非常前沿，期待后面有更多的交流机会。

下面进入评议环节，首先有请山东大学法学院张平华教授与谈。

张平华

感谢冯院长的主持和安排。刚才聆听了各位青年才俊所作的报告，受到了很多新知识的冲击，在此基础上快速消化，和已有的民法体系进行耦合，特别是针对前面三位演讲嘉宾的报告，谈一点学习体会。

祝高峰老师、孙康老师和姜野老师三人的选题构成了内在完整的命题，首先祝老师围绕生物特征识别这一类的数据信息，提出了当今存在的法律规制的难题。孙康老师着重提出了建设性意见，采纳三层次的框架体系，把宪法基本权、人格权、数据信息权，按照抽象程度和法律效益对接程度，依次进行具体化进阶，构造一个体系。姜野老师向我们展示了在这个领域，信息法律规制在一定程度上超越了它的法律功能，一定程度上要实现德法共进，这是一个完整的命题。我们十分欣喜地看到，召开这样一个盛会，能够形成一个明晰的主线和命题，这样一个命题对传统民法提出了重大挑战。尽管我们看到关于数据、网络虚拟财产、个人信息，《民法典》或者采取了独立成章节的方式加以规范，或者只是采取条文转介式的立法，但毕竟所进行的展示有限。

问题究竟在哪里？结合刚才三位学者的报告，归纳为以下两个方面。第一个难题是逻辑起点，在客体上它的多层次性、无形性，和传统以物为客体的财产法，存在着紧张关系，从而使它在立法上、技术上遭遇诸多的难题。这里的问题非常多，需要强调的是，已有的立法主要从信息以及信息的电子记录这两个层次加以规范，我们的探讨须先沿着客体的两个层次去展开。第二个难题，这样一种集合化、规模化的财产或者是利益，和集合化、规模化的大规模侵害，在积极和消极的两个方面都对法律应对提出了挑战。集合化的财产突出表现在大数据，这个大数据不同于民法上的集合物。集合物的整体构造是比较松散的，很难成为权利的客体。但是在大数据框架下，它的共享、传输、转让可能更加有意义，能够带来纵向的交易价值，这一点特别值得我们规范。从消极层面来讲，它的侵害是大规模侵害，我记得公安部以前公布的十大案例，都是属于以数据库的方式集合化地侵害或者是共同侵权，涉及很多部门、很多主体，这对于传统民法上以一对一的侵害为模型进行的建构来说，在一定程度上出现了失灵。

无论是在积极方面还是在消极方面，传统民法面对数据和信息，都存在应对法理的新型的构造要求。这个构造是什么呢？我觉得在下一个监管环节当中，应该是一种多层次的监管。姜野老师所讲的数据向善，也是很好的启发。此外，昨天中央召开的经济工作会议谈到数据国际协议、国际关系的时候，专门强调要对其中的规制、管理、标准进行全方位的对照和研究，这也给了我们很好的启发。一是在未来的立法中，一定要注意法律渊源的多层次性，并且注意多层次之间要相互协调，特别是充分关注民间组织、行业协会在制定标准、推动技术发展和大力应用新技术的进程中，它们自我意识的觉醒和实践当中所形成的准规范。二是特别注意它的公共性和个人性之间尽可能保持协调，不要出现偏移。刚才学者的报告当中，讲到欧盟的立法、美国的立法，实际上它们的立法价值选择有共性，但是从价值判断上又有十分鲜明的区别。比如欧盟，比较多地关注公共利益，而美国刚好是相反。我想这对于中国民事立法或者和数据相关的规制而言，有很重要的启示。在立法进程当中，立法者的选择要统一起来，不要忽左忽右，一会儿觉得《民法典》出台了就高度重视个人权利，一会儿在《民法典》应用过程中又感觉公共领域的力量在兴起。统一选择，我们的法律会更有效地保持平衡。

以上是我的几点学习体会，谢谢。

冯俊伟

谢谢，非常感谢平华教授，从民法和民法研究的视角对上述几位老师研究的领域进行了细致归纳和阐述。

有请下一位评议人，北京航空航天大学法学院赵精武老师。

赵精武

谢谢。非常幸运能够在山大的会议上学习。我就后面几篇文章简短说一些我自己的学习心得。

首先是郑琳老师对自动驾驶监管沙盒问题的研究。郑老师讲到了在汽车数据领域存在复杂的数据类型，很巧我去年也在研究汽车数据监管问题。郑琳老师的视角是非常有价值的。2022 年 4 月 1 日，五部委发布了《关于试行汽车安全沙盒监管制度的通告》，为更好地保护消费者的财产安全和人身安全，根据《缺陷汽车产品召回管理条例》，制定了沙盒监管制度。我国的沙盒监管制度存在一些问题，目前更多停留在技术和业务流程的应用方面，全链条沙盒监管并没有规定得很清楚，而且整个汽车数据领域存在很多需要特殊监管的问题。《个人信息保护法》的通过，对整个汽车数据的保护也会带来挑战，因为汽车有很多零配件，但这些配件维修的各种信息，可能都不具备识别自然人的可能，但是又具有《个人信息保护法》第 4 条所体现的关联识别的问题，所以就会严格受到《个人信息保护法》的规制。如果落实《个人信息保护法》的要求，会发现这样的数据不能随便向境外传输。但是大家都知道，汽车有各种安全测试的要求。如果这个数据不回传到国外，可能会给汽车的监管和汽车整个安全性升级带来问题。所以郑老师的报告是非常有价值的，如果自动驾驶的监管沙盒制度能够被应用，就能很好地回应和解决这样的问题。

爱飞老师讲到数据最小化原则理论基础以及它的介入难题。这里提一点自己的看法，我跟爱飞老师持同样的观点，可能需要在私有链领域进行应用，这是爱飞老师对基础端的考量。但是在公有链领域需要做一些调整，比如把节点区分开，就能部分解决爱飞老师说的数据最小化原则在区块链保护中遇到的困难。

齐齐博士讲到的数据内涵和法律定位的问题，对我很有启发。他讲到了数据作为本源，怎么对数据进行监管的原则，也讲到了数据本体论以及数据和信息的关系问题，非常有意思，这是一个比较宏大的问题。其中提到了符号理论等，关键要把数据和信息进行区分后才能更好地回应这个问题。

王蕊博士提到了数据隐私的制度现状与路径探析。我一直觉得《个人信息保护法》除了权利救济是一条脉络之外，还隐藏着一条技术逻辑——数据全链路流程治理，这一隐藏的逻辑一直被法律学者忽略。所以王蕊博士又从数据全生命周期的角度重新回到了数据隐私保护的思路。尤其是数据保护的宏观原则和数据跨境传输的机制，还有数据全生命周期的销毁问题，都很值得再进行更精细化的讨论。

好，再次感谢山东大学的邀请，谢谢俊伟院长。

冯俊伟

感谢精武教授对几位报告人的内容所做的阐释和与谈，同时也在很多重要方面延伸了我们的思考。

好，第二阶段的专题讨论就到这里，感谢七位报告人和两位与谈人。

（编校：王耕）

全面依法治国战略实施中的数据治理与数据权利保障

主讲人：郑智航　山东大学法学院副院长、教授、博士生导师

评议人：李宏弢　《求是学刊》执行副主编

　　　　何晓斌　山东大学法学院助理研究员

时　间：2022年12月17日17:00—17:30

方　式：腾讯会议

郑智航

尊敬的李宏弢老师，线上的各位老师、各位同学，晚上好。经过今天一天的紧张讨论，学术研讨会告一段落，下面进入总结阶段。有请黑龙江大学《求是学刊》执行副主编李宏弢老师进行会议总结。

李宏弢

谢谢智航，谢谢山大法学院主办这样一个非常高端的论坛。今天的主题，数据治理与数据权利保障设计非常好。参会的各位老师的报告，无论是主旨报告还是专题报告，抑或是博士后的交叉报告，我感觉选题都非常好，非常契合今天论坛的主题，也让我们看到当今确实是数字飞速发展的时代，这样的选题涉及法学的方方面面，有宏观的也有微观的。这说明当前关于数字法学的研究成果，还是相当广的。

关于数字法治，从国家最早的电子化到现在，尤其是信息化到数字化这几年的发展，还是非常快的。从国家层面看，党的十八大以来，以习近平同志为核心的党中央将依法治国作为治国理政的基本方式，党的十九大又提

出数字中国、智慧社会，之后党的十九届五中全会又进一步强调了数字社会、数字政府建设，到党的二十大的时候，提出了中国式现代化。中国式现代化发展是高质量发展，这样一个高质量的发展中，习近平总书记专门把法治作为专章，其中就提到了加强重点领域、新兴领域、涉外领域立法的问题。数字治理、数字法治包括数字权利保护，都属于新兴领域，在这样的新兴领域当中，法学学者如何作出时代回应？今天这样一个会就是非常好的会议。

接下来简单说一下我的感受。从国家的层面，重点领域、新兴领域，都涉及立法、执法、司法以及守法四方面。立法方面，在这样一个新兴领域，当前大数据、人工智能、区块链、物联网、元宇宙等，无论是生活上给我们带来的变化还是结构性、革命性的变革，都要求我们必须在立法上进行回应，包括《网络安全法》《数据安全法》《个人信息保护法》等，这都是立法予以的回应。执法方面，涉及行政法上依法行政、数字执法等相应的边界问题，这都是当前需要思考的问题。公正司法方面，有关于智慧法治的建设。守法方面，涉及每一个公民，每个公民在应对时代发展的时候怎么考虑，以马老师为首的专家学者们都在谈数字人权问题等。总而言之，从国家层面来看，在这样一个领域里，方方面面都需要对数字社会、数字治理、数字法治、数字权利保护进行回应。

此外，当前数据治理还包括企业层面、个人层面，不管哪一个层面都有不同，都需要我们进行探讨。数据权利保护方面，还涉及数据主权问题，比如数据安全法的平台，就与数据主权有关。数据的确权以及数据主权涉及数据跨境流动的问题。今天各位老师在相应的问题上都有涉及。

对于当前的学术研究，我有一点个人的思考。关于数字法治的研究，目前的学术成果有很多，尤其这几年，很多期刊都设了专题，有的甚至采取了出专刊的形式。总而言之，这方面的成果很多。但是，我感觉成果不是很均衡，具体有三个方面。第一个方面，当前有关数据治理和数据权利的基础理论研究还应该进一步加强，因为这是我们进行数据法律研究的基础。比如数据到底在法律上如何确权，权利归属的问题等。还有数据治理，是以数据为治理对象的治理活动，还是利用数据进行治理的活动？总而言之，在这方面，我建议学者们多进行一些基础理论研究。只有基础理论扎实了，才能进一步去谈。目前大部分的研究，都是就问题谈问题。但现在的问题，到底是不是一个真问题？我觉得还有待思考。第二个方面，当前结合具体案例进行研究的成果也不是很多。应该结合数据治理和数据权利保护的案例进行研究，从实践当中，真正发现问题，发现问题在哪儿，才能有针对性地去解决问题。法律是一门社会科学，社会科学一定要跟社会现实紧密联系。第三个方面，前些天我看微信公众号“数字经济与社会”推送了一篇文章《如何通过AI回答来看AI治理》。人工智能研究实验室在2022年11月30日发布了全新的聊天机器人模型，它有超前的对话能力，能够结合提问者的上下文，将前一个问题和后一个问题相结合来回答后续的问题。据说它不仅能够流畅对话，还可以写诗、撰写文章、编码，学习能力很强。经过对它进行道德训练，比如预先设置道德准则，它还能够对不怀好意的提问说“不”。如何通过AI的回答去看AI治理，这是我想说的第三个问题。现在AI的学习能力真的是以无法企及的速度在发展。在这样的情况下，如何让法学研究跟进、立法跟进，我们的学术研究能否在引领立法的发展、国家政策的走向上作出应有的思考和引领呢？

这是就今天的话题我想谈的三方面的意见和建议。这只是我个人的看法，不对的地方还请各位老师多多包涵。感谢大家！

郑智航

非常感谢李宏弢老师，在研究数据法学方面给我们提供了方向。下面有请山东大学何晓斌博士进行总结。

何晓斌

谢谢郑老师。我负责的是博士后论坛的总结。说是“总结”，其实也不太准确，我就把今天下午的学习心得作一个简短的汇报。

博士后论坛的主题是“博士后交叉创新”。论坛对于关键词“交叉创新”落实得非常好。第一点，关于数据保护和算法技术的交叉问题。数据和算法是数字技术的两个“擎天柱”，数字技术发展、创新、应用，都依赖于数据保护和算法技术的创新。以人工智能裁判为例，海量的裁判文书所形成的数据库，是实现算法自动识别并进行裁判的基础。在这个问题上，胡昌明老师提出了中国人工智能司法裁判面临的诸多问题，比如规范的模糊性、事实的多样性、价值判断的复杂性等。这些问题的解决，都依赖于海量的裁判文书所形成的数据库。但是，这样的数据如何得到更好的保护呢？在今天上午的开幕式上，最高人民法院的刘树德法官提到了裁判文书上网中的信息保护问题。对此很多学者也提出了解决之策。比如，曹教授认为区块链技术应当在数据保护中发挥重要角色。齐英程老师则通过引入数据信托这样一个理论，提出要实现数据保护的分配正义。

第二点，关于过程和程序的交叉问题。智慧裁判是一个包含多种环节的司法过程，一些发言人关注裁判过程如何更加科学合理，比如黄博士就以法律现实主义对类案类判进行了分析。徐博士关注如何更好地实现人工智能裁判的说理。刘沛宏博士从实务操作层面出发，分析了对类型检索的经验。此外，信息学院的赵强博士从信息技术角度出发，分析了如何利用法律条款的规则，用预训练语言模型等诸多分析模式来解决法律判决的预测问题，这在很大程度上缓解了前面很多位专家对人工智能裁判的担忧。也有一些发言人关注数字技术所引发的正义问题，比如姜晨曦老师从数字产业出现的人权单边制裁的角度，意图实现国际法的正义；王静老师直指类案检索中的伦理正义；段君尚老师关注羁押措施数字化中的形式正义；赵志超老师则为我们畅想了元宇宙的正义。

现在已经进入冬天，山东大学青岛校区地处海边，外面狂风呼啸，我们的会议室里却讨论得异常热烈。我们希望各位专家牢记今天会议带给我们的头脑风暴，以便产出更多成果，实现论坛的预定目的。同时，我们也盛情邀请各位专家在春暖花开之际到青岛来，亲身感受我们黄海热烈的海风。希望来年我们可以线下见面，共话数字法治的未来。

我就简单说这些，感谢各位！

郑智航

非常感谢晓斌老师的精彩总结。会议上的内容我就不过多赘述，这一天的会议内容满满。尽管外面寒风凛冽，包括疫情的肆虐，但是我们的热情，讨论的深度、广度丝毫不减，这确确实实是一场非常圆满的会议。

最后表达几个感谢：一个是感谢与会的专家，年终岁末，事情非常多。在这种情况下，大家仍然支持法学院的工作，我们非常感谢。再一个感谢，感谢会务组的同事们和同学们精心的安排，使我们的会议圆满完成。最后是一个期待，期待春暖花开之时，欢迎大家到美丽的鳌山湾再相聚。

今天的会议到此结束，谢谢大家。

（编校：王耕）

数字时代背景下个人数据保护、政府数据开放和类案类判问题研究

主讲人：马得华　山东大学法学院院长助理、副教授

报告人：曹晟旻　中国海洋大学法学院副教授、博士后

　　　　齐英程　吉林大学法学院副教授、博士后

　　　　傅爱竹　山东大学法学院助理研究员、博士后

　　　　姜晨曦　北京理工大学法学院博士后

　　　　黄　城　复旦大学法学院博士研究生

　　　　刘沛宏　中国社会科学院大学博士研究生

　　　　徐家祥　中国海洋大学法学院博士研究生

评议人：马治选　《法律科学》副主编

　　　　李　鑫　青岛科技大学法学院副院长、教授

时　间：2022年12月17日

方　式：腾讯会议

马得华

各位老师、同学，大家上午好。感谢大家参加山东大学博士后的交叉法学论坛。

这次活动的主题是“数字时代的智能司法”。目前不是所有的国家都处于数字时代，有的国家现在还处于停电的状态，而我们中国已经进入了数字时代。我们再也不会像思考自然法理论一样落后于别人，这一次我们终于可以做领头羊了。

首先有请第一位发言人曹晟旻，他发言的题目是“个人数据权保护的区块链模式”。

曹晟旻

谢谢马老师的主持介绍。

尊敬的各位领导、专家，大家好，非常感谢邀请我来参加本次高端论坛和学术研讨会。关于这次会议，我共提交了两篇论文，一篇尚未发表，是关于司法人工智能的；另一篇已经发表，是关于个人数据权保护的。本次会议我将介绍第二篇论文，题目是“个人数据权保护的区块链模式”。这篇文章将个人数据权保护的转向概括为目标、效力和内容三个方面，这也是文章主体结构的三个组成部分。

第一个是在目标转向上。原本个人数据权保护以隐私安全为追求，并倾向于认为个人数据关系到人格、名誉和尊严等。这种模式源于资源竞争所隐含的巨大压力。个人数据权与隐私权虽然有重合之处，但也有内在的差异，这种差异主要体现在权利客体、权利属性和权利功能上。以隐私安全为追求的个人数据权保护实际上是人为地制造数据的稀缺性，很难确保数据使用者不触碰到隐私权构筑的壁垒而陷入一种窘境。而数据的本质旨在由权利主体自主去确定数据如何流动或者是被传递。相比之下，以知情同意为要旨的个人数据权保护是建立在有机的社会结构之上的，数据所有者与数据使用者面对个人数据资源，将用积极的分享式合作代替原来消极的竞争式占有。个人数据权所含的知情权仅能够保护个人对数据的使用，并不突出个人对自身数据的单方管控，但是针对个人数据使用问题进行谈判，所有者和使用者双方的地位实际上是不对等的。而我更倾向于主张知情同意的条款，要么同意、要么不同意的条款是一种格式化的表达方式，导致个人只能为满足迫切需求而放弃自身享有的权益。对于这一点，我主张把区块链的模式引入进来，借助这种节点分布、点对点传播、分布式账簿和时间戳等为数据所有者和使用者搭建起一个数字身份管理平台，使这种以知情同意为要旨的个人数据权保护不仅限于个人数据使用本身，更在于彰显个人在这方面的资质权。

第二个是在效力转向上。以绝对效力为导向的个人数据权保护认为，只要对特定数据进行匿名化或模糊化处理，就能够有效制止个人数据权被侵犯的情况，但当数据来源渠道不断增多时，个人数据的匿名化或模糊化处理就会失效。这是由于原本不能识别的个人数据经过大量整合形成大数据，通过相关性分析就可以对个人数据进行再识别。相比于数据使用者而言，数据所有者掌控的个人数据能力是有欠缺的，提供数据产品或数据服务的企业不会留给数据所有者太多的协商空间或溢价机会，最后的结果只能是享有个人数据权的主体为此作出更大的牺牲。除非个人愿意独守数据权而因此完全被拒于现代数字社会之外，这种情况是几乎不会发生的。这样一来，丧失独占权的个人数据就没有能力普遍对抗其他所有的主体。最初对事权的绝对保护将被这种相对保护取代。而我主张的具有这种相对权倾向的保护模式也离不开区块链技术的支持，在这种模式之下享有个人数据权的不同主体作为区块链上的节点，其相互间的信任问题也会以这种点对点的方式不断放大。区块链搭建的个人数据管理平台在作为节点的不同主体之间会勾连出一种相对关系，以此形成个人数据保护的相对效力。

第三个是在内容转向上。传统意义上的个人数据权保护建立在占有权的基础之上，因为其受到最传统、最经典的土地所有权的影响，所以要把这种占有权区分开来，将其置于最重要的位置上。但人们认识到资源的稀缺性和有限性之后，开始通过劳动获取更多资料，而占有就成为从事劳动的先决条件，以至于事实上的对物占有会衍生为法律上的对物占有。但与有形的物资资源不同，数据资源具有及时性，而且设立的成本比较低，不仅不具有排他性，反而可以无限复制，复制过程中还会产生新的数据。强化主体对数据的占有并非保护个人数据的良药，反倒会使这种非常理想的数据流动陷入一种僵化的状态。既然如此，我们就必须抛弃这种个人数据权的理论界定，转而开始思考如何对个人数据的使用进行保护。现行法律关于个人数据占有权的规定是非常明确的，但对个人数据在使用的各个环节的规制是相对缺少的。个人数据的信息来源不单单是个人，还有数据的控制者和处理者，所以对个人数据的保护应当更偏向于使用权而不是占用权。既然如此，对个人数据的立法就应当从占有权本位转为使用权本位。个人数据在使用过程中会不断地进化，其原理就类似于这种自然选择理论。当前人们正在大量进行区块链的开源实验，其间会产生各种各样的公有链、私有链、联盟链，不同主体之间会有不同的竞争，而且个人数据也会在各种各样的区块链平台上展开紧张的对抗。但有所不同的是，这种选择机制不会带来你死我活、赢家通吃的局面，各种类型的区块链有各自的作用。借助不同区块链之间的数据传输协议会形成互联和统一的系统链，最终的目的就是让统合的个人数据在基于区块链搭建的权利保护平台上能够得到持续的进化。

我们用法律进行社会治理时实际上消耗的是一种制度成本，用技术手段进行治理时也会支出相应的经济成本。个人数据的保护既不能缺少法律手段也不能忽视技术手段，两者是缺一不可的。在这个过程当中，法律代表着制度理性，但这种制度理性不是万能的。个人数据权的保护不仅需要完成很多任务，还需要借助区块链代表的技术理性来实现。毫无疑问，唯有在法治框架下开展个人数据权的保护工作才能够真正彰显个人的自由与尊严，而以区块链为代表的技术因素在个人数据权保护过程当中显然是不可或缺的。

以上就是我要汇报的全部内容，请各位领导专家批评指正，谢谢。

马得华

现在有请第二位发言人齐英程教授。

齐英程

各位老师好，今天非常荣幸能够参加本次论坛，以线上的方式和大家进行交流。

今天我向大家汇报的题目是“个人数据收益分配正义的法实现”。这篇文章主要想解决的问题就是通过赋予个人接入数据收益过程的权利接口，以及建立相应的行权机制来校正当前个人被排斥在数据收益分配过程之外的问题。

这篇文章主要针对当前数据收益分配不公的现象，这种社会现象形成的更深层次的经济基础来源于当前数字经济的本质结构。有学者提出，数字经济的本质结构就是一种以数据运营者，或者是以数据企业为重心的双向动态结构。在这个过程当中，数据企业正是依托大数据技术以及大规模的数字基础设施才获得了对海量多元异构非结构化的数据进行分析的能力，从而把数据转化成一种生产性的生产要素和生产性资源，促成了数据价值的大量生成。根据马克思经济政治学的观点，生产关系决定分配关系，正是数据企业在数据收益和数据价值生成过程中的主导地位，才必然延伸和决定了它在数据收益分配场域的主导者和布局者的地位。数据市场目前的资源配置包括它的收益分配都是明显倾向于资本一方的，这个问题明显地突出体现在个人数据收益分配问题上。

个人数据被很多人称作互联网时代的“新石油”和大数据时代的“新货币”，构成了支撑当前数字经济发展最为重要的原材料，其价值源泉最终是个人或者说每个用户所谓的“活劳动”，包括一些马克思主义理论研究者提出的“非物质劳动”“数字劳动”等观点。这类理论都是结合大数据时代劳动形态的转变而提出的一些新的概念，它们背后体现了一个共同的问题，就是当前数字化的生存方式已经将每个人都打造成了这种集生产和消费功能于一身的产销者。在日常使用互联网、接受数据服务的过程中，表面上来看，我们是处于优势地位的，因为很多时候我们是在免费地使用这种数据服务，但是如果我们深入地去思考这个问题，就会发现其实在使用数据服务的过程中，我们也在扮演着生产者的角色，不仅生产出了对自己的使用价值，而且也生产出了对数字资本和数据企业的使用价值和剩余价值。而数据企业的支付秘籍其实就在于无偿占用这种使用价值和剩余价值，这也就从根源上造成了个人数据收益分配的不均、不公。

面对这样的状态，如何实现或者重建个人数据收益的分配正义？我认为在制度层面上面临着两个关键性的实现障碍。一方面，前端的产权模糊导致了要素收益“向谁分”的前提性问题得不到解决，进而导致个人对数据的收益的主张缺乏一个明确的依据和权力基础。另一方面，适当分配模式缺失，也就是分配模式的适配障碍。一些学者提出向数据主体支付数字劳动报酬其实是一种很典型的资本主义生产方式下以私人财产权为基础的付酬方式，而面对数据这种新型要素，我们在很大程度上是没有办法延续这种传统的分配模式的，这时就需要我们去重新寻求一种合适的分配方式。

针对上述个人数据收益分配不均的现象，以及在实现个人数据收益分配正义方面的阻碍，学术界也一直在探索和尝试提出一些理论上的解决策略。其中，得到比较多关注的理论就是美国的劳伦斯·莱斯格教授提出的个人数据所有权理论，即强化对自己数据控制的能力，纠正和数据企业之间地位及溢价能力的不对等。但是我认为，这种理论存在的主要问题是所有权的本质——排他性，这种本质其实是和数据的非排他性以及弱竞争性的特质存在深层次的抵牾的，在这样的背景下，这种所有权的理论在一定程度上仍然是一种激励、对抗而非合作的制度安排。而且个人数据收益更多的是数据处理者共同的劳动成果，单纯去赋予一方或在二者之间作出一种非此即彼的选择，赋予一方排他性所有权也并不是完全公平的。所以在这篇文章中我就提出了这样一个想法：能不能引入一种非排他性的赋权方案？我们在法律层面也可以找到其依据、支撑，《个人信息保护法》第 45 条已经赋予这种权力的行使。个人是否就可以获得非排他性的支配以及授权他人使用自己的个人信息从而获取收益的途径呢？目前为什么第 45 条能在实践中发挥很好的作用呢？关键在于单纯停留在数据赋予和享有的层面，是无法从根源上消除个人行权能力不足阻碍个人实现数据收益的关键性障碍的。

一方面，数据收益的实现是高度依赖于数据分析处理技术和数据基础设施的，但是对个人来说，却缺乏有效利用自己的个人数字成果获取收益的直接机制；另一方面，单条数据的价值是非常有限的，其具有价值密度很低的特点，单纯强调个体的赋权和行权很难发挥效应，即使能获得收益也是非常有限的。所以，针对这个问题，我在文章中的建议是引入数据信托机制，即把个人享有的非排他性权利嫁接到数据信托的权利行使机制之上。具体而言，就是根据《个人信息保护法》第 45 条赋予的复制和移转个人信息的权利，把自己在使用互联网服务的过程中所形成的未经加工的原始个人信息转移给个人所指定的数据信托机构，之后由数据信托机构根据市场化、专业化的运营方式来设立相应的信托产品，并去决定谁有权以怎样的价格、条件来使用个人信息，最后再把产生的增值收益回馈给个人，形成这样一种用户权益性的信托。这可以对当前个人数据进行集体管理和整体定价，从而发挥效用，数据信托机构也可以基于信义业务能力更好地保障数据的安全。

以上就是我汇报的主要思路和核心的观点，请各位老师批评指正。

马得华

现在有请傅爱竹老师，欢迎。

傅爱竹

谢谢马老师。各位老师好，我今天报告的题目是“政府数据开放法治化路径的法理反思与制度优化”。

这篇论文所要探讨的核心问题是如何实现我们国家政府数据开放的法治化。目前学界对这个问题的观点大致有两种：合并立法论和专门立法论。合并立法论主张通过修改现行的《中华人民共和国政府信息公开条例》（以下简称《条例》）将政府数据开放纳入其中，从而实现传统的政府信息公开和新型政府数据开放的合并规制。专门立法论则是目前的主流观点，主张在《条例》之外为政府数据开放实践专门立法，形成新的立法格局。

这两种立法论的理论基础是相同的，其分歧在于数据开放和数据公开之间到底是差别更大还是共性更大，合并立法论主张共性更多，而专门立法论主张差异更多。但在我看来，这两种立法论在论证逻辑上都是难以自洽的。首先，合并立法论片面强调共性，这就很难解释世界上为什么有这么多形形色色、难以计数的单行法。实践中所有的事实和行为都或多或少存在相似之处，如果有共性就合并立法的话，那似乎应该把它们全部合并到一部法律中。合并立法论的逻辑延伸下去的结果就是把所有的单行法都整合成一部超级法典，甚至是万法合一。其次，专门立法论片面强调数据开放和数据公开的差异，这就很难理解法律规则是怎么形成的，因为任何两个具体的事实或者行为之间必然是存在差异的，如果有差异就要分别立法的话，那我们根本就没有办法制定法律规则了。专门立法论这种逻辑延伸下去的结果就是法律琐碎化，乃至使立法本身成为一个根本不可能完成的任务。综上所述，两种立法论都误解了立法论的关键，这场论战在方向上就是错的。

那如何超越这两种立法论，把思考拉回到正确的轨道？论文提出，问题的关键不在于政府数据开放和政府信息公开到底是共性主流还是差异主流，而在于共性多到什么程度该合并立法，差异大到什么程度该专门立法。简单来说，我们需要构建一个模型来区分法律应对数据开放这类新兴议题的方式，还要找出这些方式的选择条件和规则。论文将这个模型简称为“立法条件理论”，并根据这个理论来评估我国应该选择什么样的路径。

关于如何着手构建“立法条件理论”，论文首先总结了法律应对新兴议题的三种基本方式，即释法、修法和立新法。立法者选择某种方式时，是存在一定的优先顺位的，其中释法虽然经常被大家忽视，但应该作为首选方式；如果可以选择释法就不必去修法，可以选择修法就没有必要去立新法。当然这种优先关系也不是绝对的和牢不可破的，而是推定的，在满足某些条件的情况下，我们可以舍弃原本顺位在先的方式而选择顺位在后的方式。一方面，论文归纳了舍弃释法的两个条件。第一个条件是被规制的社会事实必须具有独特的实践困难，现有的教义学体系是束手无策的，如果强行补充或者修正教义又会造成教义体系互相矛盾。第二个条件是创新法教义学虽然可以在一定程度上回应这个新的社会事实，但是如果明显违背法律的明确性原则也不适宜采取释法路径。另一方面，论文又归纳了舍弃修法的五个条件。第一个条件是社会事实必须具有重要的现实影响力，即牵涉重大法义；第二个条件是规制这个社会事实的立法宗旨或基本原则和现行的法律规范存在明显的差别和冲突；第三个条件是社会事实在类型上具有鲜明的独特性，即容易和其他的社会事实相区别；第四个条件是该社会事实在法律责任和机制上是较为复杂的，和现行的法律存在比较大的差别；第五个条件是无论选择修法还是立新法，均要和基本的法律文化相适应，要符合立法的总体趋势。综上几个条件都是从以往的立法实践当中总结归纳出来的，同时对每一项条件都提供了实例进行佐证。建构“立法条件理论”之后，可以将其作为标尺或者评估框架，对我们国家政府数据开放的各种法治化路径进行可行性分析。

经过逐一对比上述条件，会发现单靠释法路径是行不通的，但是也没有必要为政府数据开放另立新法。论文提出了一个适合我们国家政府数据开放法治化的新方案，即释法加修法。一方面，通过释法尽可能地扩充《条例》部分条文的规范内容；另一方面，通过修法，针对政府数据开放的特殊实践难题进行调整，增加一些新的规制举措。论文也对新方案的细节作了较为详细的阐述，但是因为时间关系这里就不展开了。

总的来说，这篇论文可以批判我们进入数字时代之后日益泛滥的“立法癖”,“立法癖”其实早在一百多年前就已经有学者嘲讽过了,但遗憾的是,到今天非但没有好转,反而成为法学界的“时尚潮流”。这篇论文的原创性或者贡献体现在两个层面:一是制度层面上,为我们国家政府数据开放法治化找到一条更为恰当的路径;二是理论层面上,“立法条件理论”对于其他各种各样的新兴议题的法治化思考或许也是有借鉴意义的。

我的汇报就到这里,谢谢各位老师,也请多多批评指正。

马得华

感谢爱竹老师。下面欢迎第四位发言人姜晨曦。

姜晨曦

各位老师好,我今天跟大家分享的题目是“单边人权制裁的合法性”。

首先,从特朗普政府上台开始,美国对中国人权的制裁就成为我们研究的热点和重点问题,尤其是在中兴事件揭开美国单边制裁的序幕之后,美国越来越多地针对中国的高新技术企业采取各个方面的限制措施。从制裁的对象来看,美国很大程度上是直接指向中国的通信技术企业的,比如2021年中国的大华和海康威视这样非常具有国际市场竞争力的通信技术企业被纳入制裁清单里面。而在2022年俄乌冲突爆发之后美国又对俄罗斯采取了非常全面、广泛的制裁。从这些现象来看,美国对通信技术企业采取了单边人权制裁,可以在这个基础上进行合法性上的分析。

其次,对制裁和人权制裁的概念进行区分。制裁是根据主体,分为由一个主权国家实施的单边制裁,或者是由国际组织或多国来实施的多边制裁;或者是从制裁的对象上分为特定性、有针对性的目标制裁和一种全面禁运的制裁;还有从事实制裁对象的具体指向上,可以区分成初级的制裁和次级的制裁。人权制裁是制裁的下位概念,有广义和狭义之分,广义的人权制裁实际上会涉及人权问题,或者是以人权问题为基础采取的制裁;狭义的人权制裁实际上是指美国依据《全球马格尼茨基人权问责法案》所采取的制裁措施,该法案实际上就是针对俄罗斯有关的人权和腐败问题颁布的专门法。

再次,美国单边人权制裁的具体形式实际上是两个非常复杂的体系且存在一定的混乱。单边人权制裁比其他更为不同的是,它还涉及《全球马格尼茨基人权问责法案》，在这个基础上我对其进行基本的区分，但并不是穷尽式的列举。第一部分：美国财政部下设的外国资产管理办公室具有一套制裁体系，其中最重要的就是特别指定国民清单方面的内容。第二部分：依托于美国出口管制的整个制裁体系，实际上是商务部下属的工业安全局所制定的像实体清单那样的一系列清单，即狭义上的单边人权制裁。

最后是这篇文章的研究重点，即从合法性的角度来阐述一下美国单边人权制裁中可能存在的问题。主要有四个方面的问题。第一个问题是缺乏国际法适用的基础，单边人权制裁是由主权国家采取的，所依托的是国内法，因此在国际法上欠缺主要的法律依据。国内法在法律基础上是将紧急状态作为采取单边人权制裁的前提条件，但是紧急状态的国际法解释与其国内法的标准是不能对标的，因为国际法的解释在放大紧急状态的概念，同样国际法在对不法行为免责上会涉及国际利益的概念，而在美国适用单边人权制裁的时候也存在这个问题，就是将国家利益扩大化，不断地放宽法律上的解释。其他三个方面的问题就是在国际法基本原则上、国际法下的义务行为准则和违反国际法管辖原则上都有缺失，我就不展开说了。

总结一下，为了让我们国家采取一定的应对手段，我从几个方面提出一些建议，比如在法律体系建设方面，科技自主创新肯定是增强我们国家内驱力的一个根本性措施，企业和政府也需要采取一些协同性的手段来共同应对美国单边人权制裁的影响。

我就说这么多，谢谢。

马得华

我有一个建议，题目改成“单边人权制裁的非法性”是否会好一些？如此一来可能更醒目。

欢迎第五位发言人。

黄城

我给大家分享一下“从现实主义法学谈大数据类案类判”。文章第一部分介绍问题的背景和探讨原因；第二部分明确现实主义法学关于法律不确定性的观点；第三部分是基于后面的阐述得出两个结论：大数据类案审判可以提高司法的可预测性,以及绝对的司法确定性不可能存在;第四部分是基于前面的论述,得出最后结论,即大数据时代下大陆法系的审判方式有向英美法系靠拢的趋势。

目前阿里巴巴和浙江省高级人民法院、福建省高级人民法院推出了一个相似案例比对服务——明镜。2020 年 7 月,最高人民法院在《关于统一法律适用加强类案检索的指导意见》中提出运用大数据人工智能等技术来促进类案类判。大部分观点认为,运用大数据人工智能的类案类判可以提高司法判决的确定性,但是美国的现实主义法律学派又是以质疑司法的确定性而闻名,所以我认为这里存在一种张力,须结合这两个问题进行探讨。

首先,现实主义法学关于法律不确定性的观点主要集中在卢埃林和弗兰克。卢埃林认为规制有两种,前者是虚假的管制,后者才是真实的规制。为什么这么说?因为法律规则往往是模糊不清的,只能作为法官权威性的参考资料,而且法官是普通人,其意志会受到社会环境、价值观念、心理偏好等的左右。另外,法律的确定性不符合社会现实,某些法律在运用的过程中可能已经与社会产生了脱节。弗兰克的事实怀疑主义显得更加激进一点,他认为过去法律共同体内部就流传着这样一种说法:法律是有确定性的,机制是一种基本的法律神化,是人们成年之后一种赋权情结的体现。因为成年之后就没办法去其他地方寻找这种确定性了,所以他就想从法律身上来寻找确定性,让自己仿佛拥有一个很强大的“父亲”。弗兰克为什么提出事实怀疑主义?第一个原因,这个观点跟卢埃林的观点是比较相似的,社会变动太快,法律没办法解决社会所有问题;第二个原因,他认为法官个人的非理性因素会影响到对案件事实的确定。

对上述二者观点进行总结,大概会得出这四个结论。

第一,我认为大数据可以提高思考的可预见性,因为大数据的类案检索、类案推送是不断地运用过去的大数据和现在在审的案件进行对比,无形当中会有“向后看”的作用。但是如果我们想要确定这种“确定性”的话,还需要在建构上面做一些努力,比如案例大数据的数量要多、质量要好,现在很多法律文书里面的审判理由包括事实认定都是非常简略的,这个时候法院的有些内部卷宗反而更有利于我们去摧毁这种类案类判。第二,每次修法后要适时更新案例大数据。第三,要注意法律措辞和社会措辞的区别,这一点在构建案例的程序上和对案例大数据进行选择的过程中非常重要。第四，对刑事案例大数据和其他部门法的案例大数据要进行区分，防止不利于被告人类推定罪。

其次，我也认为绝对的司法确定性是不可能存在的，同时也认同卢埃林和弗兰克的说法。即使我们现在运用了高新技术，也不可能达到完全的司法确定性。卢埃林提出了一种宏大风格的审判方式，可以给我们很好的启示。我们在运用现在的大数据人工智能过程中更应该运用的是一种宏大风格，即利用大数据和人工智能数据量非常大、算力非常强的特点，去对大量的数据进行总结，总结之后从中提出一些原则性条款，去适用于当前的案件审判，而不是严格遵循过去，拘泥于一种形式风格。

再次，大数据时代下大陆法系会有向英美法系靠拢的趋势。英美法系有一种法律上的约束力，即要遵从本院以及上级法院的判决；另外英美法系中还有一种说服力，即基于法官的声誉，会对其他法官产生一种软性影响，也就是说，其他法官会进行一定的参照。大陆法系的主要法律渊源还是法律法规。例外的情况是什么？比如说在一些情况下也会产生像英美法律那样的约束力，如德意志联邦宪法法院的判决；还有一些会产生事实上的约束力，如在西班牙、意大利，一般是它们的最高法院作出判决，如果你要背离的话，需要进行一定理由的说明。我国的案例指导制度更像前面说的事实上的约束力，也就是在裁判理由中使用的是现在的规定，如果法官要背离的话需要说明一定的理由。但是它也有一定的法律约束力，因为其效力位阶是高于地方性法规的。

最后，大数据类案的应用会使判例地位大幅提升，因为在进行一定的制度建构之后，会从过去的说服力的层面上升到有事实约束力的层面。但是我认为不可能有法律上的约束力，因为这会使大陆法系国家丧失成文法的审判传统，与现实不太相符。另外，我认为大数据审判普通案例与指导性案例是有一定的互补关系的，因为指导性案例是由最高人民法院确定并统一发布的，其特点是，虽然是各级人民法院作出判决，但由于是最高人民法院确定并统一发布的，所以质量往往比较高。但指导性案例还有一个缺点，那就是它的数量是非常有限的，这时候大数据类案审判中的普通案例就可以在这方面弥补指导性案例的空白，二者可以形成非常良好的互补。

以上就是我文章的全部内容,欢迎各位老师批评指正。

马得华

感谢黄城博士。有请下一位发言人刘沛宏。

刘沛宏

各位老师好,我今天的文章跟黄博士的文章有一点相似之处,刚好接着他的论述来说。

随着司法改革不断深化,我们提出了同案同判。类案检索就是根据2020年7月《关于统一法律适用加强类案检索的指导意见》实行的,接下来我将基于这个文件的规定进行阐述。

文章第一部分主要是对实践中的类案检索机制应用的实证考察。总的来说,就是对类案检索进行了主动型和被动型的分类,前者是主动适用类案检索,后者是当事人提出类案检索的请求,由法官进行类案检索。

文章第二部分探讨了类案检索机制在实践之中的三个应用困境。第一个困境是对同案同判识别认知的困境,包括三个方面:第一个方面是识别标准比较多,增加了法官识别的成本;第二个方面是会出现简单案件较多而复杂案件欠缺参考的情况;第三个方面是如果大数据矫枉过正就会出现异案同判的现象。第二个困境在于主体方面,一是类案检索机制实际上可能为法官谋求了一条卸责的道路,所以法官在类案检索中的优势其实是在不断缩减的;二是辩护人利用类案检索可能会为法官带来一个偏向性的风险。第三个困境是技术障碍和规则的介入,包括技术和规则两个方面。

文章第三部分主要对类案检索机制进行了一个准确的定位,即基于对案例指导制度的延伸和有机扩展,将其定位为实现控辩平等的有力杠杆。

文章第四部分是最重要的部分,即类案检索机制在司法实践中的未来面向以及应用。应用解决的第一个困境是针对同案的识别路径和风险化解,提出了一个双重识别标准——实体标准和程序标准。应用解决的第二个困境是要处理好结果和供需之间的张力。类案检索机制的重要目标是实现公平公正的审判,现阶段案多人少矛盾非常突出,实际上就是处理好这样的关系。应用解决的第三个困境是世界上没有同样的案件,如果说大数据或者人工智能将它们的点位完全重合，那就会产生两个不同的案件形成相同的判决的不利后果。

综上所述，要发挥法官的主体优势，建立正向的激励机制；坚持技术理性，对于类案裁判规则进行提炼和适用，形成自己的裁判规则。最后，我认为类案检索机制也是利用人工智能介入司法的谨慎探索。

文章大概是这样几部分内容。谢谢老师。

马得华

感谢刘博士，下面有请徐家祥。

徐家祥

我发言的主题是“人工智能裁判说理能够使人信服吗？”。当前对这方面的决策机制研究已经有很多，并且一般认为人工智能有很多限制和弊端，它只能作为法官决策的辅助者。但实际上法官决策的压力并不仅仅在此，说理也是造成法官决策压力变大的主要因素，那么人工智能是不是也能够介入说理过程？可能首先需要讨论的是它的说理能否使人信服的问题。

讨论人工智能介入裁判说理能否使人信服的命题，有必要寻找一些参考标准。法官中立的定位应当是裁判使人信服的主要因素，任何人不得做自己案件的法官，另外在工具价值实现上，一个不偏不倚的理性人作出的决断可能更能够采纳各方的意见。但是，存在绝对中立的法官吗？法官可能产生先入为主的预见或预断的主观性偏见，另外还可能产生一种他自认为中立却因为认知条件限制造成实际上的偏见的客观性偏见。所以，无法保证存在结果中立的法官。

当前我们说的“法官中立”可能更多的是基于法官和诉讼两方均无利害关系的推定，这种推定以回避制度为基础，被称为“推定中立”。另外，法官推断应该有一定的依据，这种依据并不是法官的个体权威，但实际上为了定分止争，裁判的信服力更多依附于主体权威，裁判的信服力往往与权力相依附。在社会演化的过程中，现代法治国家的人们信服的是稳定良善的法律，主体权威可能不再满足于需要，因裁判者的身份产生的主体权威变得次要。当然，规则权威和主体权威共同构成法官令人信服的依据，只不过我认为发挥基础作用和主要作用的应当是规则权威，比如一名素质再高的法官，如果不依靠法律规则，仅靠法官地位作出的裁判也很难令人信服。程序公正发挥了主要说服作用，人们更愿意接受经由合理合法的诉讼程序而作出的裁判结果，尽管这并不能够代表这个裁判结果一定是正确的，但至少在一定程度上证明法官已经没有更好的条件来作出更好的判断了。当然，最后法官裁判要使人信服，还是要落脚到裁判文书的撰写，最终的结论应当是一种消极修辞的手法能够达到裁判文书使人信服的要求。

在对要素进行提取之后，还需要对人工智能介入裁判说理的方式进行简单了解：一种是通过算法运行生成裁判文书的过程，以下简称“本体性说理”；另外一种是嵌入裁判方法论的说理，把人工智能作为法官说理的论据，简称为“嵌入性说理”。在本体性说理中，算法设计者与当事人之间是否存在利害关系无法预测，所以不存在刚刚提到的这种“推定中立”；在嵌入性说理中，法官仍然是裁判说理的主体，所以此时适用法官的推定中立。另外，本体性说理中主要是以数据学习法官模拟推演，仍然遵循了这种规则权威；在嵌入性说理中，不能够完全遵循规则的权威，我们将此视为一种“缺乏”。本体性说理中可能程序说服存在瑕疵，嵌入性说理中可能要看法官对论据的依仗程度。另外，在本体性说理中，实际上只能作为一种消极修辞，无法基于当前的技术实现积极修辞；在嵌入性说理中，本身不能作为修辞而存在。基于上述对比，我对当前人工智能可能介入说理的路径有一些自己的改进观点，比如要建立算法中立制度，增强程序说服功能，另外限制论据使用方式以及在修辞的时候可以尝试公开相关指标来增强说服力。

以上就是我汇报的全部内容，谢谢老师。

马得华

前面七位年轻学者都对自己的观点进行了阐述。现在我们进入评议环节，首先有请马治选老师。

马治选

曹老师比较了目前热门的个人数据保护区块链的模式，讲得很清楚，结构也很明了。曹老师提出的关于技术手段和法律手段的运用问题，可能还是技术手段和法律手段之间没有截然区分的问题，我们可以从技术规制上来达到目的，这其实还是一个法律手段的问题，因为技术是人去设定程序。那怎么使数据保护达到这样一个目的？我觉得可以借鉴一些其他已有的成果，比如说数据专家，我们普通人不懂技术，但是接受同行和技术专家的监督；比如说区块链，我们知道参与性比较高，但是材料的备份、过程的备份以及最终所有法律制度都有一个责任承担的问题。现在大家关于区块链讲得比较多的就是过程的描述，基于这个过程描述的制度，本身怎么样做可以更好，这一点还有很大的可探讨的空间。曹老师在这方面迈了一步，但怎么结合现有的法律制度来进行更细的研究，是我们共同面对的问题。

后面三个题目其实是同一个主题，都是司法谈判中的公正问题，而基本上涉及的都是类案类判、同案同判的主题。我们国家长期以来追求一统。当然，从司法公正来看，同案同判有合理性问题，但是我们到底把什么作为同案？比如说黄城同学的“从现实主义法学谈大数据类案类判”，因为预先选定的是现实主义法学，其往往对所谓的类案、同案持一种怀疑态度，比如说法教义学，通过法的解释从现有法律中挖掘所谓的同案和同判，它就比较乐观。面临的问题是我们从哪里获取案例源。我注意到黄城利用的是最高人民法院的指导案例，那么基层法院选案的标准是什么？它选这个案例具有多大的代表性？如果说发表指导案例的话，我们选哪些点？什么样的案例确定成为同案？需要哪些因素进行比较？这些东西都是微观操作层面的。其实无论是同案同判，还是说给法官留下个人裁判的发挥空间，都有一定的合理性。当司法是正义的最后一道防线的时候，我们如果再过多追究司法者责任，那这就不是最后一道防线了，对不对？

刘沛宏同学是从个人经验迈向集体思维，处理的是类案检索制度的实践和应用功能，那我们怎么样去认知？他也提到了同案同判的认知问题。其实在所有同案同判里面，什么样的案是同案，什么样的判是同判，这是相当棘手的问题，我们既要给法官留下空间，又要使司法相对统一地适用，这也是非常难的问题。宏观上来讲，任何一个大道理是没有问题的，但是双重识别和程序识别到底怎样在操作层面展开，这是需要进一步探讨的。

徐家祥同学的角度跟一般的研究不一样，他是从司法谈判使人信服的角度来讲的，通过本体论和嵌入裁判方法论来梳理的。这些东西从宏观层面上来讲是有道理的，但是如何跟我们现有的制度相匹配？比如说公开相关的指标，哪些指标是符合的？辅助论据在多大程度上影响我们对裁判的信赖度？我认为这些是应当关注的问题。

以上就是我的一些疑惑和后续需要关注的一些问题，跟大家分享一下。

马得华

感谢马老师，您不但听得很认真，而且给同学们提供的建议非常有针对性。下面有请李鑫教授点评。

李鑫

刚才听了马老师的评议收获很多，谢谢马老师。今天很有幸参加这个会议，聆听了学界很多青年才俊的发言，收获很多，在这里谈谈我的感觉和感受。

从总体上说，今天这一阶段的论文主题都非常集中，主要涉及三个方面——技术、权力与治理。以这些技术为引导的第四次工业革命的到来对法律以及社会治理提出了很多挑战，当然也带来很多机遇。从这个方面来讲，我们作为法律人就不得不面对技术对我们传统的法律理论、法律概念提出的挑战并进行应对了。各位博士的发言都提到了一点，最重要的挑战就是现代互联网、大数据、区块链使得传统的法律实行一般性治理，或者说从整个法律的发展来看，法律最重要的特点就是一般性，即不针对个别行为来立法或处理，所以一般性是我们法律根深蒂固的特点。但是在一般性处理的同时，仍然存在一系列疑难案件，可能需要我们进行具体化或者个别化处理。法律虽然是以一般性作为基本特征，但是在发展过程中仍然存在一般性和个别性的矛盾。尤其面临大数据、人工智能和区块链的时候，这种矛盾更是特别突出，法律似乎已经可以达到个别化治理的阶段，从技术上来讲，完全可以根据个体的需求或者个案的需求来进行处理，黄城博士的论文也提到这一点。

当前国内外学界有一个很流行的个性化法律，我们知道大数据有一个“杀熟”的现象，这个现象从另外一个方面也说出了代码或者算法完全可以针对个人的需求来满足个性化的需求。从这个意义上来说，我们是不是可以制定一部偏向个性化的法律？在人工智能、大数据和区块链的时代，是不是可以制定一些个性化的法律？比如说在《中华人民共和国消费者权益保护法》中针对个体消费者的信息披露而制定的法律，但是这种个性化法律对法律一般性会造成直接破坏。作为算法的法律或者代码的法律，以及法律对代码处理的问题，代码法律化或者是法律代码化，我们对技术的治理是将技术作为一个治理对象，还是将整个法律本身都视作一种对象化的问题……对于以上这些问题，刚才各位青年才俊其实都有涉及，包括曹教授从个人数据权这个方面提出用区块链解决个人数据权保护的问题，以及齐博士对个人数据的分配问题的研究，其实既是在讨论个人能否成为数字交易市场的主体，也是在讨论技术对个人数据权益分配的问题。爱竹博士同样提出一个问题——立法归类问题，即什么情况下是归类立法，什么情况下是个性立法？我从姜博士那里学到很多，这个领域我不太理解，我的意见是姜博士可以把问题更加凝练一下，使其更加突出。

谢谢大家，谢谢主持人。

马得华

感谢李教授。感谢前面七位发言人作出的精彩报告，以及两位评议人作出的深入且有针对性的评议。

（编校：王琪）

数字司法问题研究

主讲人：于永宁　山东大学法学院院长助理、副教授
报告人：胡昌明　中国社会科学院法学研究所副研究员
　　　　王　静　华东政法大学助理研究员、博士后
　　　　连雪晴　中国海洋大学马克思主义学院讲师、博士后
　　　　段君尚　山东大学助理研究员、博士后
　　　　赵志超　中国人民大学法学院博士后
　　　　赵　强　山东大学信息科学与工程学院博士研究生
评议人：杨开湘　中南大学法学院教授
时　间：2022 年 12 月 17 日
方　式：腾讯会议

于永宁

各位同仁，大家下午好，我们现在进入第二时段的讨论。

第一位发言人是胡昌明老师，欢迎胡老师。

胡昌明

非常感谢主持人，也很荣幸参加今天的大会。我今天分享的题目是“中国语境下司法人工智能的角色定位”。报告内容主要分为以下四个方面，分别是司法人工智能的中国语境、中国司法人工智能的实践特征、司法人工智能面临的挑战以及人工智能在未来司法中扮演的角色。

首先下一个定义。因为大家讨论司法人工智能时概念差别是很大的，

如果不统一概念的话会有一些歧义。从狭义上来说，司法人工智能仅指替代人类法官作裁判决断以及不需要人类法官介入的具有独立审案能力的一种具有高智慧的智能机器系统。从广义上来说，所有提升司法效能以及减少人工付出的信息化手段，包括各种审判、执行的辅助系统，以及裁判文书自动生成的庭审记录系统，都可以称为司法人工智能。

第一部分是司法人工智能的中国语境。首先，中国的政府是非常积极地支持信息化和人工智能的发展的。其次，民众对于司法人工智能的态度也是非常包容，而不是非常害怕或很抵触的，大家都积极欢迎司法人工智能或者说欢迎信息化的技术被纳入诉讼手段中。再次，中国法院之所以特别欢迎人工智能，其实是跟目前中国司法“案多人少”的背景分不开的。这几年诉讼爆炸式增长，2015 年到现在六七年时间中，中国的诉讼案件已经增长了一倍，但中国的法官数量其实在司法改革之后明显下降了，从 20 万人左右降到了 12 万人左右。最后，中国的司法体制改革对人工智能技术也是热切期盼的，因为司法体制改革要求监督无痕化，而人工智能正好契合这一大背景。

第二部分是中国司法人工智能的实践特征。我从 2017 年到 2020 年编写了《中国法院信息化发展报告》蓝皮书，中间大概统计了涉及全国各地的 100 个人工智能项目。可以看到这 100 个人工智能项目有如下特征：第一个是各地的试点冷热不均，东部占到 60％，中西部特别是东北占比都比较低。一些案件量比较多的地区，像广东、江苏、四川的人工智能项目也是占前几位的，都是十几项。第二个是人工智能项目更加突出效率价值，如果从效率和公平来说，更多的司法人工智能项目有效率价值取向，而对公平兼顾比较少。第三个是管理本位，这些司法人工智能项目中职能管理项目最多，占 30％。第四个是侧重司法的一些辅助、周边功能，比如说庭审增强功能、裁判协助功能、审判辅助功能以及其他司法周边的功能，如语音识别、智审、审判监督等。

第三部分是司法人工智能面临的挑战。虽然说司法人工智能发展很好，这几年也受到各地法院的追捧，但面临的问题还是很多的。第一，法律规范具有不确定性，我们看到有很多模糊的词语，怎么识别不确定性是很大的问题。同样在民法中，像情势变更、乘人之危的词语，人工智能识别还是有很大困难的。第二，案件事实具有多样性，与认定法律相比，事实认定使机器人面临更大的挑战，很多案件的疑难之处不在于法律适用而在于事实认定。第三，裁判并非简单的逻辑，法官并不是“自动收获机”，同案同判是不是一个伪命题？因为世界上本来就不可能存在两个一模一样的案件，同样的盗窃案件，金额一样，犯罪的原因也可能不同。第四，机器人难以主持庭审。虽然法官有裁判的功能，但庭审也是非常重要的。在古代中国，法官是通过当事人的表情、气色、声音来进行综合判定的，机器人怎么识别微表情，怎么判断事实？这些对于它来说是一个非常大的挑战。第五，司法过程离不开价值的判断，一些著名的疑难案件的共同点就是需要法官进行价值判断，离开这些价值判断，这些案件要么没法判断，要么判断出来偏离大众的感受，也会成为非常典型的错案。

第四部分是人工智能在未来司法中扮演什么样的角色。一是法官的外脑，类似于现在医院里面的B超、化验机，帮助法官进行裁判，进行一些技术鉴定。二是法官的分身，比如一些类案和一些分批类的案件，法官作出裁判之后，同类案件可以由机器人进行裁判，法官来进行确定。三是法官高参，对于是不是判处缓刑、是不是监禁提供一些数据背景的支撑，帮助法官进行决策。这是我期待未来人工智能在司法中可能扮演的角色。

今天我跟大家分享的内容主要是以上四个方面，请各位老师多多指教，谢谢大家。

于永宁

感谢胡老师。现在对于人工智能在司法体系的运用，各个省份都在试行。从刚才胡老师的研究中我们也发现，人工智能的推进也和各个地方的经济实力、司法文明程度有很大的关系，这为我们未来统一推进人工智能在司法中的应用提供了协助，谢谢。

接下来有请王静老师发言。

王静

非常感谢有这次发言的机会，可以让我把近期研究的成果跟大家进行汇报。

首先，我们有必要理清三个比较重要的背景。第一个背景是类案检索本身是司法技术化趋势结合人工智能技术的一个具体制度表现，司法技术化趋势的重要表现就是司法的专业性。自12世纪以来，专业化的法学家群体制定了一套专业的方法体系，并通过法的教育培养出大量的专业人才，不断扩大的人才和法学教育的实践结果就是在17世纪使法学成为一门自治学科。我们发现，法学和法律的一个面向是与社会极其贴近，因为法律总是要定纷止争的，总是要进行社会和国家治理的。法学和自然科学的紧密连接是我们面向的另一个方面，法学总是会非常快地吸纳自然科学的理论及其技术，比如说物理学、生物学、数学都会影响到我们现在所认知的法学的基础理论。中国独特且复杂的现代化之路让中国对物质文化有非常大的憧憬，如何实现这种物质文明？我们看到的表象似乎是中国在不遗余力地发展经济，但是其逻辑本质是技术。中国人对先进技术有种普遍的共识，即技术是生产力，是先进的代表，是现代化的象征，所以中国法律和法学所面临的社会生活和技术之间的沟壑实际上会更加明显：一方面是进展相对缓慢，这不是说中国现代化不够，而是它本质特征是带有本国特色文化对于生活认知的意识，本身就是相对延后的；另一方面是专业司法的专业化和技术化日新月异。

第二个背景是，类案检索制度是实现同案同判的重要手段，其目的是实现司法正义。同案同判是司法正义的必然要求，大数据和人工智能是实现同案同判的重要技术手段。2017年发布的《最高人民法院关于加快建设智慧法院的意见》明确指出，大数据和人工智能技术的运用能够促进类案同判和量刑的规范化。类案检索制度的最终目标是实现司法正义这种典型的价值，意味着人际关系中的共同需求背后蕴含的是不同社会群体基于不同的文化、理念、意识、认知所构成的对司法正义的不同理解。也就是说，类案检索要实现的司法正义是中国人所认可的司法正义，一方面，我们要认识到大数据这种变量给中国人司法正义观带来的不同变化，检索工具的可及性和智能性使得民众可以很快地去获得大量的相似案件；另一方面，我们还要认识到中国人对司法正义的理解不同于西方，经过对司法正义观历史变迁的梳理，我们可以看到其底层的逻辑源于什么是理性的认知。不同于西方贯穿始终的主客相分，中国的理性是过于早熟的，是有主体的。中国的文化过于早熟就意味着在还没有形成主客观之分的状况下就形成了敬畏自然、尊崇天道的观念，所以中国形成的是以家为基本单位、家国一体的政治构建。

第三个背景是，中国的理性不同于西方客观认知的理性，也不是印度的宗教理性，而是伦理理性。伦理来自认知和行为规范，是为了维护伦理关系稳定所存在的一种认知方式，所以中国讲究“天理国法人情”的逻辑。在伦理法律化和法律伦理化的历史进程中，我们可以看到古代中国的立法和司法是融为一体的，所说之理与人民所认为的司法正义是一体的。但是在法律专业化之后，司法正义有一种专业脱离民众实践的倾向，某些学者说这是一种冷漠麻木的傲慢，或者是严重脱离社会生活实践的教条，其实这些都是对司法专业化群体的认知和民众对司法正义的不同程度的描述。

在梳理完这三个背景之后，我们发现中国的类案制度面临这样一个重大问题：中国特色社会主义法治是要民众在个案中感受到司法正义的，一边是受过专业训练的职业群体，另一边是民众的司法实践认知，中间存在脱节的间隙。中国的司法技术在人工智能时代需要朝着更先进的方向前进，那就要回答这样一个重大问题：类案检索制度这一个新的科技变量出现之后，到底是缩小还是扩大了这样一个间隙？现在我们可以很明确，研究所提到的伦理风险就是民众所认知的司法正义和裁判所要表述的司法正义之间的间隙，我围绕这个核心问题进行了研究。

我们要明确类案检索中伦理风险的基本样态，也就是考虑将类案检索制度作为怎样的变量来观察其运用前后对伦理风险的影响。我首先是从家事案件的检索入手。类案检索主要有三种工具：关键词检索、法条关联案件检索和类案智能检索。我以“杀母”作为一个关键词进行检索，检索到一个典型案例，但并未找到正确的司法裁判。以“杀人”为关键词进行检索，检索到公报案例 1 个，典型案例 9 个，参考性案例 3 个，但并不是都能关联到类案。对于涉伦理案件，最常用的方式一定是类案智能检索，因为它支持的是任意长度的案情检索。在输入案情构成后，智能检索会出现一系列的裁判文书，并按照案件的相似度从高到低进行类案推荐排序，其结果就是能直接找到一个适用法条。这个过程当中有没有出现增加伦理风险的情况？经过对一些检索案例的梳理，目前的回答是可能的。比如在出现案件和案件的匹配结果之后，直接运用了其他相似度更高的案件进行法律依据的适用，而不再关注检索出来的案子本身的案情，实际上是忽略了对于一个重要问题即案情的比较。

我们在分析之后发现，间隙扩大的原因主要包括几个部分。第一个根本原因是忽视了法的正当性论证，这是我们没有加入变量之前就存在的问题，是一个老问题。第二个根本原因是司法程序未能妥善分配法官自由裁量权和类案检索工具两者之间的关系。除了根本原因之外，还有两个重要的原因。第一个是既有裁判数据不足以支撑伦理要素的融入；第二个是算法的不可解释性，比如说 AI 通过自然语言对案件的裁量进行说理，我们不知道它匹配的依据是什么，不知道我们输入的案情与它最后出来的案情及结果是如何完成匹配的，而且不清楚伦理关系在里面到底有没有匹配、如何进行匹配。

针对这些问题，我们的方案有二：第一，明确法官的主体原则；第二，明确司法的社会效能原则。在具体的司法程序中，我们建议在裁判数据库中增加非正式法源，明确适用法外论证的情形及方式，法官自由裁量与司法的场域化适用要加强，程序上注重查明对案件事实部分的描述。在输入案情事实部分之后，涉及伦理关系的，一定要重点强化输入。当匹配的案情相似度低于 80%时，必须审慎进行案情相似度的匹配检索，即需要人工检查案情的相似度。建议进行审判流程的伦理要素分类。对于含伦理要素的案件，由法官和人工智能检索分别完成后再进行比较，用人工智能裁判结果对法官的裁判结果进行适当的优化。

这就是我近期的一些想法，还请各位专家多多批评指正，谢谢。

于永宁

谢谢王老师。下面请第三位发言人连雪晴老师。

连雪晴

谢谢于老师。我汇报的题目是“个人行踪轨迹信息用于算法行政的法律边界”，主要内容分四个部分，分别是过程样态、风险图层、原则设定和规制建构。

首先来看过程样态。整个个人行动轨迹信息用于算法行政的过程样态，无论是常见的健康码还是实现社会信任的失信惩戒，抑或是指向警务安全的行为判定，均离不开个人行踪轨迹信息的持续性搜集与分析。个人行踪轨迹信息作为个人信息被应用于算法行政，其应用过程可以分解为信息输入、算法决策、决策输出和核验检查等环节。

其次是风险图层。“图层”这个概念来自计算机术语“图层”，个人行踪轨迹信息应用于算法行政对个人信息、平等权以及国家权力运行均造成了技术风险，这些风险图层看似相互独立，但却叠加成物理世界的社会运行网。个人行踪轨迹信息是敏感的个人信息，跟我们的信息隐私有很大的关系，一旦泄露或者不正当使用，都可能引发个人隐私泄露的问题。特别是将其用于算法行政之后，算法的权力是不是对原本的行政权力造成了冲击，甚至在某一些领域可以比肩某权力？

再次是原则设定。第一个是人工决策的优异性原则。人是最终的目的，人不是工具，所以这个过程当中仍然要保持人的主体性价值，人工的决策仍然要被赋予一个优于算法决策的更高地位。第二个是决策过程的可视化原则。其中又包括两个方面：一个方面是个人主体的算法可解释的要求权力，另一个方面是对算法透明的要求。第三个是差异化的归责原则。技术主体责任更倾向于算法设计和信息处理的责任，而行政主体更偏重于核验检查和终端更正的责任。第四个是就急便利的原则，这一原则应当能够得到良好的实现，算法行政不应当成为阻碍当事人就急的方式，也不应该额外对当事人造成负担，当事人的各项权利应当得到有效落实，应当是便利的。

最后是规制的建构。主要包括三个方面的内容。前置性的算法影响评估其实是可以在算法行政投入运行之前就捕捉到的风险。过程性的技术监测主要是依赖于技术主体内部的自我约束，而行政主体外部发挥着补充不足的作用。后置性的归责矫正模型则需要行政主体首先对外承担责任，进而开展可能的二次追责。当然，这三个方面还是需要行政主体和技术主体共同推进才能够真正保证个人权利，规避可能的风险。

以上就是我汇报的内容，感谢各位老师，希望各位老师多多批评。

于永宁

下面有请段君尚老师。

段君尚

谢谢于老师。我今天汇报的题目是"非羁押措施的数字化监管"，主要包括非羁押措施数字化监管的产生、我国实践过程中的探索、目前面临的法律问题和风险以及将来的完善方向。

我国刑事诉讼中非羁押措施数字化监管的历程，开始于 21 世纪初进行比较研究的时候，当时就已经有学者对域外的数字化监管进行了引介，主要是对英国、美国这些法治发达国家作的介绍。比如，2002 年有文章提到英国的法庭可以命令安装一种电子转换装置，如果被保释人离开了规定的范围超 200 米，这个装置就会自动报警，这可以看作我们现在一些探索的参照。在我们国家，2012 年前后就开始进行数字化监管的一些实践探索了，但最初是应用在刑罚执行领域的。2012 年上海市徐汇法院刑庭首次宣告了对社区服刑人员进行电子监管，随后北京、广东各地也都开始了探索。随着在刑罚执行领域取得了显著成效，数字化监管才逐渐扩展到了强制措施领域，尤其是扩展到了取保候审人员的监管。这一时期基本上在经济发达地区取保候审人员的监管问题比较大，因为流动人口比较多，所以很多学者认为应当引入这种电子数字化的监控来提高取保候审的监管水平。2020 年以来，数字化监管的形式有了一些创新，尤其是新冠疫情给看守所带来了不小的挑战，倒逼公安司法机关减少审前羁押，于是逐渐出现了电子手环、手机 App 这些新的审前非羁押监管方式。

目前来看，非羁押措施的数字化监管有相当明显的依据。从实践层面来看，我国经历了从社会管制、社会管理到社会治理这三个历史时期的转变，犯罪结构的变化也倒逼社会治理模式的更新，在 2021 年对各地公安司法机关都提出了新的要求。从理论层面来看，逮捕本身就是对人身自由的剥削，人身自由权作为基本的人权，是很多其他权利所履行的物质性基础，所以从这个角度来说，对公民人身自由的干预也必须符合原则要求。除此以外，刑事诉讼法中的无罪推定原则，也要求以羁押作为例外的情况，尽可能采取非羁押的措施，这就要求我们不断提高监管水平，才能解除办案人员的后顾之忧，才能安心大胆地采用取保候审。从技术层面来看，2017 年全国司法体制改革推进会上提出了“主动拥抱大数据人工智能时代”的要求，所以各地的公安司法机关在硬件设备等基础设施方面的投入也为数字化监管提供了技术支撑。

从实践上来看，对数字化监管的探索主要包括两类：一类是大家比较熟悉的硬件设备，比方说山东东营的电子手表，类似于国外在保释过程中采用的电子脚踝、电子脚镣设备。这种硬件设备从目前的情况来看可以发挥跟踪定位、轨迹显示的功能，一旦被监管人员离开了规定的区域，或者是故意不充电、强行破坏手表，平台都会自动向办案人员发送报警信息。另一类是软件平台，比如说手机 App 或者二维码。在手机 App 上公安机关可以采用一些科技手段进行外出的提醒，比方说马上就要超过范围了，或者是到点该回去了，并通过要求被监管人员定时打卡或者不定时抽查多种功能相结合实现对非羁押人员的监管。对于二维码的形式，大家就更熟悉了，尽管现在行程码已经退出了我们的生活，但是基于这种理念，对非羁押人员进行监管，各地仍然在进行探索。我们可以看到杭州公安司法机关开发了一种通过三种颜色来进行数字化监管的二维码。如果说被监管人员的危险系数很高就给红码，这种情况下可以强制逮捕，如果人身危险性比较低，就可以继续采用取保候审的方式。

从目前的探索情况来看，实践效果是比较好的，既能够增强取保候审的制度刚性，又能尽量保证犯罪嫌疑人的人身自由，对于整个社会治理的现代化水平的提升也起到了推动作用。关键看难题在哪些方面。第一个难题是监管的成本还是比较高的。我曾经在调研的时候问过费用的问题，他们提到目前电子手环是租的，一个月 100 块钱，一年就是 1200 元。因为现在还处于研发阶段，所以成本相对比较高。如果大范围推广，不知道成本是不是有压缩的空间。除此之外，如何和政法委的领导以及其他机关进行协调，引起领导的重视，让他们同意这部分财政支出也是一个需要解决的问题。第二个难题是从监管的有效性来看，会偶尔出现一些系统定位不够准确或者是有信号误报漏报的情况。另外，电子手表的待机时间短，充电不方便，这些都阻碍了实践中的推广。还有一点，就是电子手表的外观一开始设计得比较明显，很多犯罪嫌疑人有抵触情绪。后来经过二代、三代的更新，现在看起来比较时尚了，所以犯罪嫌疑人从心理上也比较容易接受这种监管手段。

从法律层面，还是要慎重对待数字化监管可能带来的风险。第一个方面，我国刑事诉讼法规定了监视居住可以采用电子监控，但是没有明确规定取保候审可以适用数字化监管。2022年9月，最高人民法院、最高人民检察院、公安部、国家安全部发布的《关于取保候审若干问题的规定》中也没有对数字化监管问题作一个明确的回应，所以法律依据这一块目前仍然是需要去完善的。第二个方面，在收集信息的过程中很有可能会出现过度获取、使用个人信息以及侵犯隐私权的情况，这也是值得我们去关注的。第三个方面，从科技的应用角度来说，如果过于依赖这种科技，也可能会出现一些异化的风险。比如传统上可以用保证人、保证金获得取保候审的，如果再额外增加数字化监管，是不是侵犯了其权益？一些弱势群体由于经济、年龄、智力、设备等原因，是不是就丧失了获得数字化监管的权益？这也是我们需要考虑的。

在未来数字化监管的完善过程中，我们依然是要严格贯彻原则要求，尤其是要考虑它的合法性和必要性的问题。在具体设计的时候要坚持用户导向的思维，尤其是对犯罪嫌疑人知情权和程序选择权的保障。比方说适用二维码或者电子手环的监控必须征得其同意，在产品发展到一定阶段的时候要定期进行更新，同时也需要定期评估社会危险性，去变更或者解除强制措施。数字化的监管也离不开配套的设施，国外有一些审前服务机构会对监管方式进行定期的回访或者是通过问卷调查来增强有效性，我们也需要对这些监管的有效性进行评估。与此同时，需要对强制措施和后续的刑罚执行职能进行衔接，有一些地方开始探索类刑罚执行一体化，可以对强制措施和刑罚执行的对象进行系统化的监管。

我就汇报到这里，请各位老师批评指正。

于永宁

下面有请赵志超。

赵志超

各位老师好，我汇报的题目是“民事纠纷在线诉讼与元宇宙司法的天然因缘”。

在线诉讼发展与新冠疫情发展存在密切联系。在疫情发生之初，我们的在线诉讼几乎在一夜之间实现了从零到有再到规模化运用的发展。根据实践的需要，法律规范以及司法政策都在积极地促成在线诉讼的适用，客观上也提高了法院的电子化和信息化水平。但需要注意的一点是，基于在线诉讼的发展和疫情态势存在的密切联系，在当前全国疫情防控措施基本解除的背景下，在线诉讼的未来发展如何就不得不让人心生疑虑，在线诉讼会不会随着疫情管控措施的结束而销声匿迹？这种怀疑恐怕不是杞人忧天，因为早就有学者统计了我国部分地区对在线诉讼的适用率，发现在线诉讼尤其是在线庭审的适用和疫情防控形势存在直接的密切联系，即随着疫情的发生和疫情防控措施的升级，在线诉讼的适用率在激增；如果疫情消退，疫情防控措施走向宽松，在线诉讼的适用又会在实践中慢慢遇冷。那么，在疫情防控措施基本解除的当下，我们有理由推测在线诉讼的未来适用不容乐观。

现在需要思考的一个问题就是，到底是什么制约了在线诉讼应用的深度和广度，导致了在线诉讼与线下诉讼相较缺乏吸引力。虽然在线诉讼可以表现为诉讼流程的全部在线以及诉讼流程的阶段在线，但是毫无疑问，庭审活动是整个诉讼活动的中心，在线庭审必定也是在线诉讼的中心环节。与线下庭审相比较，在线庭审确实存在着一些难以逾越的客观障碍，表现在四个问题上。

第一个问题是在线诉讼妨碍了证据的调查，无论是当事人的质证还是法官的调查证据，它都是通过人的五官的作用和体验来获取第一手资料的，但是在线诉讼一般都是通过扫描、翻转、转录等方式将线下的诉讼文书资料或者证据资料作电子化处理以后上传到诉讼平台。在这一过程当中，证据的输入就存在一定的问题，比如说言词证据的输入就存在不稳定、受干扰、易泄露等风险。实物证据的输入有可能存在无法全面展示相应的物理特性和特征的问题。

第二个问题是在线诉讼在一定程度上妨碍了法官自由心证的形成。民事诉讼对于案件事实的认定不仅仅依赖于证据，还需要根据证据之外的、在法庭辩论程序当中存在的其他信息资料，包括当事人陈述的态度、行为举止、表情、表达方式等作出认定。在线诉讼会弱化法官对这些信息的提取和感知，也就容易把言词审理过程转化为书面审理、间接审理，从而导致庭审的空洞化和虚无化。

第三个问题是在线诉讼在一定程度上削弱了庭审的仪式感和剧场效应，导致法庭的氛围很难对诉讼主体形成一种心理压迫，这在客观上有可能导致当事人或者是证人虚假陈述的可能性增加，又给法官的事实认定提出了新的难题。

第四个问题是中国法院的裁判强调的是法理、事理以及情理的统一，但是在线诉讼的物理区隔拉远了法官与当事人之间的距离，导致法官与当事人彼此之间很难共情，这就有可能出现一些满足形式正义而有违情理的案件。

以上列举的几点其实都反映了一个事实，就是在线诉讼的应用瓶颈恐怕不在法律之中，而在于使用技术之后所带来的这种现实的客观制约。未来发展在线诉讼还是应当致力于在技术应用层面上的突破，而元宇宙司法概念的出现就指明了这种技术突破的方向。对于第一个问题，面对在线诉讼在证据调查方面的不足，应用数字孪生技术可以在信息化平台内模拟出物理实体流程和内容，将现实中的事物动态地复刻到虚拟的场景中，从而形成一个 3D 影像供当事人、法官进行对比，这样就可以最大限度地解决数据电子化输入问题。对于第二和第三个问题，元宇宙为参与主体提供的是一种沉浸式的交互体验，通过扩展现实、实时光线追踪、云计算、人工智能创作等技术的综合运用，它可以为纠纷主体营造一个几乎与在线庭审等同的全息全真纠纷解决场景，也就可以解决面部表情、行为动作信息等难以捕捉的问题，同时化解了庭审现场真实感不够的问题。对于第四个问题，元宇宙的虚拟空间是包围物理现实和虚拟媒介的共研空间，元宇宙是超越和融合现实世界的，它可以营造出共感真实的场景。元宇宙通过数据场景的应用，为诉讼主体提供了一种共感体验。在这个虚拟场域当中，受众们的真实情绪感知与身体体验削弱了虚拟场域自身存在的边界感，这样就可以解决在线庭审法官与当事人难以共情的问题。

综上，我们有理由相信，元宇宙司法就是在线诉讼的未来发展方向，也是在线诉讼的升级版本。元宇宙不仅要建立在技术的进步之上，也需要获得法律制度的支持和反馈。在理解民事在线诉讼与元宇宙司法存在的因缘关系之后，我们就应当积极支持引导技术的创新和进步，进而推动中国特色的元宇宙纠纷解决机制的形成。

以上就是我汇报的内容，欢迎各位老师批评指正。

于永宁

谢谢志超。今年元宇宙是一个非常火热的话题。在处理原被告之间的主张和抗辩、法官的居中裁判时，单纯靠在线诉讼方法是没有办法实现的，还有赖于元宇宙技术的快速发展，也有赖于硬件设备的进步，如此才能够给大家提供全息全影参与庭审的感受。

接下来，有请最后一位发言人赵强。

赵强

我是来自山东大学信息科学与工程学院的博士生赵强，今天汇报的题目是“基于因果推断和多专家 FTOPJUDGE 机制的法律判决预测研究”，希望各位老师多多指教。

基于对案件事实的描述来预测法律案件的判决结果，主要包括法条预测和罪名预测等多个任务。目前大致可以分为三个步骤：第一个步骤是对数据进行采集，采集的主要来源是裁判文书网、百度知识库和“法研杯”，我们称之为司法类的评测数据集。第二个步骤是进行数据的预处理，对采集之后的数据进行处理，这就牵涉到数据的抽取和要素的抽取。第三个步骤是进行判决结果的预测，这需要和机器学习、人工智能等相结合。

我们把裁判文书分为几个部分，包括文书信息、案件事实描述、法院信息等。目前所掌握的法院意见承载于裁判文书中，是法院对本案情况的总结，也是目前我们能否对被告人进行判决的主要依据。从这个角度来讲，在进行预训练之前，要对数据进行标签化处理。整个判决预测的框架是从判决文书中抽取出各类信息，通过机器学习预训练等方式进行罪名、刑期或者法条的预测。

截至现在，法律判决预测研究经历了三个阶段。最早期是在具体的场景下，运用数学和统计算法对现有的法律案件进行分析，需要人工从案件中抽取相关的关键特征，对不同种类的法律案件的泛化能力比较差。随着机器学习的介入，研究人员开始关注法律判决预测的整个实施过程，这里面就提到了强化学习的预测过程以及可视化模型，还有基于文本的挖掘等方法。如今主要集中在基于神经网络和自然语言处理对法律判决预测的研究方面。

经过前期的研究发现，法律判决预测存在三方面的问题，我针对这三方面的问题给出了对应的有可能实现的解决方案。首先，如何理解法律条款中的规则并发现各个子任务之间的逻辑相关性。针对这个问题，主要有两个方法：第一个是采用因果推断的方式，目前已经实现；第二个是基于知识图谱系统构建因果图，进而构建因果网络来实现法条之间的逻辑关系和各个子任务之间的逻辑相关性。其次，案例本身数据集的样本容量比较小，案例分配不均，针对这个问题主要提供两个解决方式：一是建立多任务学习框架；二是融合基于交互信息的损失函数来解决样本容量小、样本数据不均衡的问题。最后是人工智能的可解释性，目前最先进的研究大部分都集中于新型混合式的知识推理，这也是我接下来研究的主要方向。

接下来分享一下我的模型——基于因果推断和多专家机制的判决预测模型。这个模型主要包含三个部分：第一部分是基于因果网络的因果推断框架，第二部分为多专家机制，第三部分是法律的预训练模型。接下来为各位老师介绍一下这三部分的创新点。

第一个，针对预训练模型，其核心理念就是利用神经网络模型学习大量涉及各个领域的文本，从而能够在不同的场景中学习到它的真实含义。预训练涉及对丰富信息的处理，旨在能够让下一个任务更好地工作。这就好比让一个初中生直接去学大学的知识可能不太现实，但是学完高中知识后再学大学的知识就没那么费力，这就是预训练的作用。目前主流的预训练模型是基于这个模型而来的，但是它有一个文本长度限制，所以我们提出了这个可以解决文本长度问题的模型。

第二个，我们对它生成的文本施加因果限制，主要采用基于因果网络的因果推断框架。对于“因果推断”这一块，主要利用案件的事实描述去获得因果强度。先从裁判文书中提取相关元素，对呈现的因果关系进行因果网络采样，进而评估其因果强度。在此基础上融合神经网络对其进行分类预测，这就是因果网络的因果推断框架。

第三个，对于多专业机制来说，为每一个任务设置一个专属专家组，并设置一个共享专家组，以实现多任务之间的信息交互。每一个专家组由多个专家网络组成，专属专家组为专属网络提供信息，共享专家组负责为共享网络提供信息。换种说法，共享专家组受所有任务影响，而专属专家组只受所属任务影响。在此，我们引入“额外知识”，主要包含被告人的基本信息、法院意见等，在这里引入额外信息是为了避免神经网络传播过程中信息的损失，从而提升预测结果的准确性。

基于以上所述，我们构建了一个模型并对其进行训练。首先，我们采用的是“法研杯”(2018)的数据，分为训练集、验证集和测试集三个部分，从大小上分为大数据集和小数据集。这个基本上可以满足我们正常的训练要求。其次，对实验环境进行配置，在这个基础上通过与主流法律判决模型进行对比，可以看到在小数据和大数据两个数据集上，它的三个任务——法条、罪名和刑期，以及我们说的四个指标全部优于其他模型，这就凸显了我们模型的优势。最后，为了验证模型的有效性和合理性，我们做了一个实验。从实验结果来看，这种法律预测模型的各个模块具有有效性和合理性，都为解决法律判决预测中的问题提供了依据。

总结一下目前主要研究的三个点：第一个是发现了裁判文书和其他对应法条的因果关系，并将其融入神经网络从而实现性能提升；第二个是通过实验证明了法律判决预测的三个子任务之间存在一定的竞争关系，设置了每项任务的专家网络和多专家网络，并且提出了 FTOPJUDGE 分类器；第三个是由于法律领域的法条文本比较多，为提供丰富的法律先验知识从而能使模型更好地理解法律专业技术，我们设置了这样一个模型。

以上就是我发言的内容，也是我进入博士阶段主要的研究课题，希望老师能够批评指正，谢谢大家。

于永宁

谢谢赵老师。现在进入评议阶段，欢迎杨开湘教授评议。

杨开湘

非常感谢于老师。从今天上午的主题研讨到下午的专题讨论，我听了不少报告，也深受启发。下午各位发言人所讲的内容和我过去研究的主题很有关联。下面我就六位发言人的六个专题研究成果谈一点个人感受。

赵强博士报告的结论对我们理解今天人工智能司法在技术背景，包括在应用场景方面提供的技术路线会有很多的启发。

胡昌明老师的研究我觉得很有意义。胡老师对我国司法人工智能的整个发展状况有一个比较全面的实证资料的掌握和分析，从这些分析中得出的一些小结和总结，我觉得也是比较审慎和可靠的。其他很多关于人工智能方面的研究是以逻辑分析为主的，一些在数据掌握不是很充分的情况下提出的观点，会显得比较模糊。今天听了他的介绍之后，我发现其结论是可靠的。他搜集的案例也很有代表性。我本人有一个案例研究中心，在过去三年时间里我们一直在搜集与刑事案件相关的典型案例。胡老师介绍的有争议但是在社会上引起很大反响的案件，对我们认识人工智能司法如何处理有争议的案件是很有帮助的。胡老师报告里面谈到的未来人工智能司法的三重角色，我觉得非常清晰，尽管我个人在这方面的研究有限，但是我觉得将人工智能司法作为法官外脑、分身和高参的三种决策思路是非常清晰的。

再进一步来看王静博士的研究，听了之后觉得立意非常高。第一，我个人认为王静所研究的题目，今天很多学者都在研究，这是关注度很高的话题，也是我们最高人民法院提出的同案同判司法政策的基本要求。第二，这是我们国家未来智慧法院建设要进一步发展必须解决的基础性问题。从这个角度来看这个选题非常有意义。最令我感兴趣的是报告中间提到的传统中国司法发展到现代司法的过程中，我们始终改变不了的是一个伦理理性的问题。“天理、国法、人情”相融合必然是中国司法正义内在的属性，也是在司法裁判中要让每一个司法案件都获得人民群众满意的要求。我觉得这个是非常重要的，也是我认为报告中提出的一个非常好的关注点。今天讲人工智能司法也好，引入新的元素也好，很多时候我们更注重一些技术理性的东西，忽略了传统司法中的伦理理性。我认为王静老师提出的观点是很有新意的，这也是将来司法改革，或者说我们的社会治理过程中创新正当性的要求。将来如果有机会将报告整理成文字，我非常有兴趣进行进一步的了解。

第三位是连雪晴老师。我认为整个报告中比较重要的有两点。第一点是个人信息轨迹所涉及的个人隐私问题，她是从民法典的视角去观察与看待的。但是在我看来，这个问题从我们三年的疫情防控中对个人信息轨迹的搜集、运用，包括在一些案件当中就一直存在。我认为这是一个宪法意义上的问题，实际上涉及了国家与个人。我们今天看到的看似是技术公司提供的，但实际上是国家在运用的。第二点是我们的健康码、行程码都是行政管理和社会治理领域的运用。我们怎么才能有一个比较好的法律规制或者是法律上的规范，这也是将来我们研究的一个方向。这是对连老师报告的两点看法。

我对段老师的非羁押数字监管深有感触，这正好是我本人专业所涉及的内容，当然也是近年来我们国家整个刑事诉讼讨论的热点问题，是一个非常新的问题。这个报告是非常完整的，从司法实践中的应用，再从立法和技术双重角度去完善，最后建立完善的非羁押措施的数字化监管体系，并结合山东省的一些经验谈了看法。这里面段老师所提出的制度内在的矛盾是很好的，直接涉及权利保障的问题。报告里所提到的数字化处理现有的风险我也觉得非常好，对我启发很大，而且其提出的完善方案和路径是比较清晰的。这是我对段君尚老师报告的一点个人看法。

最后我想谈一下对赵志超老师的在线诉讼的看法。当然我们都了解，民事在线诉讼在疫情防控的三年确实发展得非常好，取得的效果也非常好。赵老师的报告是非常清晰的，他最后提出的结论与展望我非常赞同。今天在线诉讼在很多方面确实对民事诉讼中间纠纷的解决，比如说对事实的认定、对重点的查明、对裁判结果的可接受性等方面可能还没有一个统一的模式，可能各个地方有不同的做法和不同的经验。但是他提出了未来线上诉讼的发展方向依赖于元宇宙，我认为这个观点是非常明确的，我相信随着元宇宙不断地推广，将来互联网法院的发展可能都属于这个方向，其中所涉及的技术路线和民事诉讼的立法，或者是最高人民法院的司法解释，都将成为我们研究的问题。

我就谈这么多，谢谢主持人。

于永宁

感谢杨老师，感谢您精彩的点评。评论区的六位发言人也对您表示了感谢。我们这个时段就告一段落。

（编校：王琪）

生成式人工智能对法律人的影响与挑战

主讲人：宋保振　山东大学法学院副研究员

报告人：于　霄　上海师范大学哲学与法政学院副教授

与谈人：宋旭光　深圳大学法学院副院长、副教授

　　　　赵精武　北京航空航天大学法学院副教授

时　间：2023 年 5 月 27 日上午

方　式：山东大学青岛校区华岗苑北楼 N526

宋保振

尊敬的各位老师、亲爱的同学们，我们今天如期举行"山东大学法学院数字法治青年大讲堂"第五讲，这也是我们法学院数字法治系列论坛的第十三讲。

今天我们的主讲以及与谈的嘉宾都是著名学者，都是在数字法学领域的佼佼者和领航人。主讲人于霄老师是上海师范大学哲学与法政学院副教授、上海市"晨光学者"，研究领域为民法，已出版专著、译著十余部，在《东方法学》《华东政法大学学报》等权威及核心刊物上发表学术论文二十余篇，部分成果被《中国社会科学文摘》《高等学校文科学术文摘》转摘，并有多项决策咨询成果得到国家级及省部级领导批示或机关采纳，主持并完成国家社会科学基金项目 1 项、省部级课题项目 4 项。同时，于霄老师还是我们的老学长，今天重回法学院，再次给我们传经送宝。

今天的与谈人，一位是深圳大学法学院副院长宋旭光副教授，研究领域为法教义学、法律方法论，研究非常扎实。宋老师学术成果卓著，发表论文

和译文 40 余篇，当然包括很多高被引文章，还主持或参与多项国家级、省部级项目，而且他在中国法理学研究会、中国法律逻辑学研究会都担任常务理事。另一位是北京航空航天大学法学院赵精武副教授，研究领域为数据法学。赵老师是北京航空航天大学工业和信息化法治战略与管理重点实验室办公室主任。他的学术成果卓著，文章、课题主要集中于数字法治。此外，在产学研结合以及与政府部门交流合作的领域，赵老师同样是我们学习的对象和楷模。

下面我们把时间交给于霄老师。

于霄

各位老师、同学们好，我是山东大学法学院 2000 级（2005 届）首届英语法律双学位班的毕业生。对于双学位班级，我是比较有感情的，因为在那个年代，山东大学法学院能够开创如此新颖的教学方式实属不易。

这个学期我做了一件事，而且我觉得这件事情极其重要，那就是给学生、企业、律师事务所介绍生成式人工智能。我觉得在这个阶段，这件事情对于同学们来说是极其重要的。我采用的介绍方法可能不是那么学术，因为我目前还没有通过一个逻辑性非常强的方式去思考它。我介绍的基本逻辑是先看事实，然后再探索思想。

我以前研究过农村土地制度和美国联邦最高法院制度。在这些领域，我撰写了很多书，翻译了很多书。其中，农村土地问题研究开始于我读博士时期。之前我有一个课题“1925 年英国财产立法改革研究”，这是我在读博士的时候申请的。其中，财产法和物权法不太一样，前者的研究理论性比较强，因此，我研究数字法学有一个特殊的视角，那就是从财产法的角度或者是从民法的基本理论进入，可以说，这个角度跟我们当前比较多的学者的研究视角相比，还是有一些区别的。

我关注数字社会是 2019 年的事情。其实，在 2019 年之前，人工智能的研究就比较多了，但是我对此不以为然，因为那个时候我还几乎没有应用人工智能。但是后来随着我对网购、个性化推荐、电子导航等认识的深入，我觉得这件事情已经可以被纳入传统、保守的学科体系研究，所以我就开始关注。

第一个问题是生成式人工智能能做什么？第二个问题是人工智能时代人的智能就不存在了吗？第三个问题是人工智能的世界到底是什么世界？第四个问题是人工智能时代法律人应该做什么？

生成式人工智能的新闻发生在去年11月，到现在共6个月的时间。虽然时间不长，但是这6个月里发生了许多了不得的事情。我记得在假期的时候，ChatGPT3.5五天破百万注册。我认为生成式人工智能和元宇宙、区块链不是一回事，因为它可以做两件事——一是能够写代码，二是能够写论文，这两件事情就是百亿级的市场。从2007年做律师到现在，我的观念与视野尚浅，但是我的直觉还是告诉我，这件事情不一样，跟炒热的元宇宙完全不一样。第一件事情就是ChatGPT4上线，随后是Midjourney上线，然后就是Copilot上线，我们又看到了Google Bard、文心一言。最新的消息是ChatGPT上线了苹果的移动操作系统IOS，扩展速度比以前快得多，腾讯上线了Midjourney5，Copilot要登录Windows。我想问一下，Google Bard是不是要登录你们的手机？IOS是不是可以把ChatGPT纳入自己的智能系统？有一天你会发现你的沟通方式和以前不一样了。除此之外，还有两个不太受人关注的新闻：一个是人工智能和芯片的结合。人工智能和芯片的结合是一个非常大的消息，为什么？因为一旦人工智能介入了芯片生产工艺流程，就意味着人工智能可以给自己做底层建筑了，可以生产自己的生命，就像人一样可以自生产了。另一个是人工智能和卫星的消息，这个稍微有点虚，但是我也看到了一个未来的走向。大家知道人工智能是用电的，人工智能为什么用电？比如电脑功耗200瓦，这200瓦用到哪里去了呢？我们知道，电脑的主要功耗是用来发热的，其实也就是算力，如果能够把绝大部分的电力不用来发热而用来计算，这将是颠覆性的，这是一个现在不太受文科人关注的领域，以后我们的瓶颈可能就是算力，但是算力都到哪里去了呢？我们现在能够确定未来一定会发生的事情，第一个是到今年年底，ChatGPT5一定会上线；第二个是我们会看到大量的应用会和人工智能相结合，其实我们现在已经看到了，ChatGPT4中的大量辅助插件其实就是应用。最重要的一件事情是，大量的钱会流向生成式人工智能。元宇宙热的原因在于当时钱流不到别的地方去。

回顾了这些之后，我们来看一些负面性的东西，也就是人们对生成式人工智能的担心。其实无非就是四个。一是信息泄露。这件事情其实极其重要，但又不是那么简单。我们现在被泄露的信息，像手机号、姓名，如果被别人偷走了，别人就可以诈骗你，这是面临的主要问题。但是人工智能可以把你的灵魂偷走。也就是说，人的信息的泄露的内容还是不一样的，比如拼多多泄露的是你喜欢买什么，爱好是什么，但是人工智能泄露的是你的工作是什么，你在做什么，而且你的思考是什么，你最深入的思考是什么。二是人们普遍关心的国家安全。国家安全无疑是会受到影响的，虽然我们现在可能谈不出太多的东西。三是人工智能对人的替代。这是我们现在面临的最主要的问题，人工智能一定会引来大部分的劳动替代，最后导致社会不稳定，于是欧洲就发起对人工智能挑战的活动。四是技术发展问题。现在人工智能突飞猛进的技术发展以及制度与人工智能技术相互博弈的非常典型的历史进程，也给我们提供了技术转型当中技术发展的窗口。

那么，现在生成式人工智能到底有哪些？第一个是 ChatGPT。大家可能都看到了，但是有一件事情没有关注，那就是 ChatGPT 和之前所有的生成式人工智能技术最大的区别就在于它边上的黑色条目可以记住前面的问题，可以回答你一系列的问题，而不是只回答一个问题。比如以前上海市高级人民法院设置人工智能辅助裁判系统的方法其实很简单。当问它一个问题的时候，它会把问题截成很多的关键词，然后放在数据库搜索，这个技术的特点就是不需要很多的算力，也不需要人工智能理解我们在说什么，其能够做到的就是帮助我们搜索一些文书，搜索一些裁判案例，仅此而已，而且搜得很不准确。对此，我期望做的是将所有的笔记纳入自己的思考范围，将材料和生成式人工智能的交互方式相结合，但是事实上并没有做到，比如“投喂”100 篇学术论文，却没有给我很好的反馈，而现在 ChatGPT4 正在做这件事情。如果这件事情做成了就不得了。第二个是 Google Bard，它比 ChatGPT4 差一些，但是比 ChatGPT3.5 好一点，而且它好看。第三个是 Bing，它不能很有效地替你完成工作，但是能够做一些工作，例如一个事物市值增长多少，市场占有率增加多少，都可以查得到，相关影响也可以去评估。第四个是 Midjourney。它是一个画图软件。

当看到这些工具时，我们可能会说人工不存在了，这是我们在网上经常看到的一种说法，甚至智能也不存在了，那到底是不是这样？我们可以评论一下。

第一，作为学生，我们能做什么？第一是学知识。你们不是要参加司法考试吗？司法考试怎么复习呢？去上各个名师的课是一种方法，但是一旦遇到了一个案例不太好解，搜又搜不到，怎么办？问 ChatGPT、人工智能，并且现在英文做得非常好，英文 ChatGPT4 是可以通过纽约州的律师考试的。第二是写论文。不知道在座的是本科生多还是研究生多，现在大家写论文的基本逻辑就是写出来的东西如果查重通过，基本的信任就已经建立了，这个逻辑实际上建立在传统的著作权的保护上，即所谓的原创性。但是以后这个逻辑就很难成立了，在人工智能的条件下，所谓的原创、探索、创新可能都要被重新定义，著作权法将会在人工智能时代受到颠覆性的影响。另外，利用人工智能写作业也没有问题，练口语你们可以自己去试，有很多的插件可以和人工智能对话。

第二，之于码农可以做什么？生成式人工智能可以写代码。我们以前认为人工智能作为一种生成式的技术手段可以写代码，但是不能形成框架，但是我们错了，我们会发现在学习了一段时间之后人工智能也可以写框架，所以不要以为失业的只是码农，框架师也是一样。你们如果不相信，可以查新闻看看杭州最近发生了什么。

第三，之于教师能够做什么？例如，我运用人工智能写教案、写 PPT、分析数据，上海交通大学很多老师现在都用人工智能分析数据。以前我们认为人工智能最先颠覆的是文科，现在看错了，人工智能最先颠覆的是艺术、理科、工科。

第四，之于律师能够做什么？律师写合同都是可以预见的。我之前和代理诉讼的朋友进行过探讨。代理诉讼是一件复杂的事情，因为诉讼是需要出庭的，当事人在生成式人工智能的帮助下可以做很多检索的时候，是不是会愿意花一两万元请律师？以后本科生越来越多，而我们接受的本科教育是一个基础教育，在这种情况下，当选一个领域去进行学习变得越来越容易的时候，专业领域的所谓“专业”就越来越不重要了。另外，文员写计划、报告对生成式人工智能来说是“小意思”，设计师画图对它们来说也没有问题。

总结一下，现在的人工智能是什么样的水平？ChatGPT3.5 相当于本科生的水平，但是这个“本科生”不得了，是什么样的本科生？是全科本科生，也就是说对于所有领域的本科知识都能够非常好地掌握。此时，生成式人工智能给我们带来的辅助就相当于一个不太灵光，有点木讷、傻傻的本科生刚刚到事务所的样子，有没有用？有用。值不值钱？2000元。但我们看到人工智能现在的情况不一样了，ChatGPT4可能比本科生要好很多了，可能再过6个月就超越研究生了，如果变成全科博士生会发生什么？所以这是我们面临的一个问题。

下面再展示一些具体且直观的例子。第一，做插图没有问题。如果拿出一张非专业人士画的图片，虽然不那么好，但是看上去也不像是没有学过画画的人画的。第二，就是做广告设计。现在广告公司倒闭了多少？如果不相信可以打开淘宝，看看设计一个LOGO多少钱。如果看一个行业是否有前景，就去淘宝搜。如果淘宝价格低到匪夷所思、令人发指，那这个行业前景就比较暗淡，比如出一份法律文件100元，收一份公司合并的文件188元，包邮到家，其实广告设计目前同样如此。第三，就是能够让照片变得更美。比如我长得不好看，但是我可以把自己做成一个模型，不是做成一个石膏模型，而是在电脑里面形成一个“我”的模型，将“于霄在山东大学讲座”做成一个于老师坐在这里讲座的图像。而且我可以把“我”和“金城武”的两个模型放在一起相互捏，从而把“我”捏得更好看。如果“让照片变得更美”这个事情可以由人工智能实现了，那么这将是一个“相当恐怖”的产业。第四，就是虚拟朋友圈。如果我可以模拟它，那么我不需要来山东大学就可以组织讲座。虽然现在我能够看出来这是假的，是生成的，但是之前我做不到。另外，以前我们识别不出来到底是一级美颜还是十级美颜，现在我们能看出是几级美颜，所以一个新的产业正在走来，新的美已经被人工智能定义了。我想我们甚至可以虚拟新闻，以前叫作“有图有真相”，现在“有图就有真相”吗？不好说。

那么，生成式人工智能对于律师来说到底意味着什么？比如我这个学期讲“合同法实务”就特别没有底气。以前起草保密协议，我不学是不会起草的。如果尝试让生成式人工智能写一份保密协议，不要直接问它们“你帮我写一个保密协议吧”，这样它们是写不出的。那我们应该怎么做呢？你可以问一般保密协议包括什么事项，它会告诉你定义范围、期限、违约责任、评价。然后根据前面的框架一项项地问，问保密协议的机密信息是怎样的？它会告诉你机密信息包括哪些。作为一名专业律师，我认为这是相当专业的，因为其实让我来写大概也是这样的。为什么？因为机密信息的定义在绝大部分的合同中都是这样的。保密义务到底是什么？保密义务写得特别不好，因为保密协议当中不会有一条叫作“保密义务”，一般来讲没有这么一个标题。它的生成就有一些问题。对于“保密期限”，这一条有点让我吃惊，因为我从来都没有考虑过保密协议的期限问题，一般都认为简单一点，比如五年或十年较为合适，长一点就不要写，但是生成式人工智能给我解释了什么情况需要三年到五年，什么情况需要更久。最后就是保密协议的违约条款等。

总体来看，现在让大家起草协议，应该不是一个特别大的问题。因为协议这种东西就是一种规范性文本，对于一般的生成式人工智能来说，学习文本的能力是强的，改变文本和适应甲方的能力是弱的，但是起草一个一般性的合同的能力是强的。问题的关键在于这个有用吗？有用。为什么？因为在实习的时候同学们会发现职业生涯当中犯的第一个错误就是你没有问这个合同中我们是甲方还是乙方。所以，其实生成式人工智能已经为我们提供了非常多的价值。以上海为例，上海的律师职业水平是不低的，但是我的很多学生起草合同时，依然是拿着从外国抄来的文本在改，所以从客户甲方的要求出发去起草合同的律师其实还是少的。再比如，填表和写一些一般的文件时，可以使用人工智能生成的文本，最后的定稿无非就是删一点，自己改一两个词，很简单的。所以以后填表，只要不是填复杂的表，生成式人工智能都是可以应对的。

第二部分：人的智能真的不再存在了吗？目前来看有一件事情已经发生了，就是所谓的智能性劳动已经被取代了。第一件事情就是一个月以前B站UP主发起了一次停更潮。你们会发现一个非常奇妙的现象，有两种视频特别多：一种是电影解说，如果仔细听就能听出是人的声音还是机器人的声音。另一种就是有很多的UP主截完视频，然后自己配音。我们中国人特别擅长批量生产，以后短视频、中视频、长视频可能大量都是机器人生产的，以后视频产业可能也会面临一个问题，有质量的视频越来越少。第二件事情就是三个星期以前有一个新闻，说游戏公司裁掉了半数的原画师。我昨天坐火车来青岛的时候，看了现在最火的漫画，就是怪物的形象，没有什么特别的创意。如果你们用人工智能想象，很快就可以设计出来，甚至可以把虫子和人结合，把桌子和人结合。听上去特别奇妙，大家都想象不到这些是怎么结合的。第三件事情就是设计院也在大量裁员。设计院已经从事业单位改企了，这意味着已经从一个半市场主体向完全市场主体转变了。我们基本的法律制度在工业时代、互联网时代并没有发生很大的变化，这一点我不能够认同，原因很简单。2008年，我在青岛德恒做得最多的事情就是研究《劳动合同法》，《劳动合同法》到现在已经过去15年了，我们可以回头评价一下《劳动合同法》到底做了什么。有了《劳动合同法》，我们照样有“996制度”，所以可以认为没有改变，但是我们的社会在改变。这件事情体现了我们的制度和社会有一个博弈的关系，这种关系实际上到最后有可能是一种非常扭曲的关系，未来会怎样，我们不是很清楚，但是我们可以去管窥。

关于第一个问题我讲了这么多，那么生成式人工智能到底是什么？建成GPT，是大语言模型，我们了解的一件事情就是什么叫作GPT。讲清楚很难，但是又很容易。我举一个例子，你们说到猫的时候一般会说什么？说“喵”；说到狗的时候一般喜欢说“汪”。之所以我们会这样说，是因为实际上智能的分析方法就是经验的分析模型，经过概率的分析，将大量的词进行一定概率的组合，将每一个词涉及的最大概率的事情组合在一起，就是生成式人工智能的逻辑，所以生成式人工智能生成的文章都是寡淡如水，但是挑不出任何错误，这就是经验。

说到这里，需要追问的是生成式人工智能的实践路径是什么，对于社会的影响是什么。到目前为止，生成式人工智能对我们最大的影响就是它有一个非常良好的交互端。我们以前的交互方式是什么？第一种就是搜索引擎，打开百度时有一个方块，点进去会告诉你一些东西，这就是交互——你和它沟通的方式。第二种就是排序，打开了新闻网站，会优化出一套新闻。需不需要告诉它我要看什么？不需要。第三种就是推荐菜单，打开以后会告诉你商品是什么。这些都是传统的交互方式，未来的交互方式会被生成式人工智能替代。可以给大家描述一下：今天天气比较冷，我想买一件能够御寒的卫衣，以前会到淘宝买一件卫衣，但是现在可以和生成式人工智能说给“我挑一件卫衣”。人工智能就会问“想要什么颜色的?”我说“想要一件白色的”。然后它会问“想要什么价位的?”我说“想要不超过100元的”。人工智能的交互方式会非常人性,至于其他和我们日常的沟通就不需要多说了。

大家看的科幻片有很多,但是问题来了,生成式人工智能会将我们的生活变成什么样子?会给我们带来什么样的变化?带来新的生产力后,我们用起来会很开心吗?不是的,远远不是,其实现在数字社会发生的最多的一件事情就是区隔化,而不是中心化。比如淘宝、支付宝系统会不会将自己的数据给腾讯?不会。你们有没有看到知乎向其他的搜索引擎开放数据?没有。它们每一个都是自我系统,从中心化开始向区隔化发展,这就是数字世界的观察方法。于是,我们会看到有一个用户模型超越了其他区隔化的用户模型,这就是一体化的用户模型。现在交互方式是一体的,坐上车之后打开高德地图说“小德小德”,打开手机叫“小艺小艺”,这是不一样的,但是以后只要有一个好用的人工智能,就能调用所有其他的程序,就可以形成一个一体化的用户模型。这个时候我们就可以看到所谓的“翻译”,就是机器真正在认识你,一旦所有的问题和答案都被它记录,就形成了完整的数字的“你”。这种用户模型就可以准确地构建出来一个“你”是什么样的行为方式。这种方式一旦突破一定的阈值,就不得了。

电影《流浪地球2》刚开始的时候有一幕是印度科学家正在上传“你”的灵魂,所以可能我们以后真正有意义的元宇宙就是容纳数字“你”的元宇宙。“你”是不是“活着”跟“你是不是活着”就没有多大关系了,这个真正有效的模型的形成是生成式人工智能改变后的一个非常大的成果。再比如,在实现一定智能化以后,人工智能会不会自己找一个身体?不是它在找,而是很多的科学家会开发这种机器。现在机器人的各个技术领域都已经有了比较成熟的技术方案,比如机械臂、传感器、图像识别、路径规划、自平衡等。

但是生成式人工智能绝对不是结束,可能明年我们就会看到一个新的词叫“通用人工智能”(AGI),通用人工智能和生成式人工智能完全不一样,生成式人工智能有没有价值?没有价值。因为它告诉你答案时的最基本的逻辑就是绝大部分材料都是这样说的,所以告诉你这个答案。比如问,于老师是不是一个好老师?告诉你是或不是好老师,不是因为于老师本身对你好还是对你不好,而是绝大部分的材料都告诉过你“于老师”这三个字和“好”或“不好”之间的关联关系是什么,这就是生成式人工智能掀不起多大风浪的原因。但是通用人工智能的设定是具有一般的人类行为，具有可以执行任何任务的机器智能，这个思维模式是从自己开始的。大家想想小时候开始学习行为模式时是怎么做的？一个婴儿想问你要牛奶喝的时候做的事情是什么？哭，一哭就有奶粉喝，这个不是“哭”和“奶粉”之间概率的平衡，而是能带来利益的平衡，这是绝对不一样的两种思维模式。

如果通用人工智能使用这种技术路径，一定会形成自我价值。对于我们来说是“好的”还是“不好的”？不管“好”与“不好”，设定是既定了的，像机器人三定律那样，它一定具有自己的判断。如果让我去评价人工智能，我可能会说“好”或“不好”，但是让人工智能去评价人的时候，它就会让你想一想自己的缺点有多大，几乎一定是不好的。所以生成式人工智能是可以发展的，对于我们来说是一个工具，但是通用人工智能不一定。如果生成式人工智能是“赛博朋克”，那么通用人工智能就有可能是“毁灭者”，这个不好说。

今天我们可以简单地去想象一下未来。第一件事情就是智能工作的人力劳动将大大减少，律师这个行业将会受到比较大的冲击。人工减少是否会让我们生活得更加舒服，比如以后变成周休三天，我们现在没有把握。基本的制度逻辑能不能随着技术转型去改变是需要观察的，我们的基本制度逻辑是什么？是劳动获得价值，只有劳动才可以获得价值。其实我们不喜欢投资价值，我们的制度对它是否定的，虽然投资赚得比较多，但是我们可以看到，劳动越来越少和人活得越来越好的愿景在制度和技术的摩擦当中可能会有相当长的冲突期。

我们可以感受到自己的需求，并且可以顺利地实现自己的需求，所以在座的同学们以后再也不要说自己是一名法学的本科生或者是研究生，只需要说自己是一名本科生或者是研究生就可以了，因为以后的专业分工将会没那么重要。只要今天听了人工智能，就是一名全科的本科生，只要今天学了人工智能，可能明天就是一名全科的研究生。于老师都会画画了，你还有什么不能做呢？你要明确你想做的事情才可以。我带的研究生很多，我发现现在的学生最重要的问题是自己不能形成价值，不能形成“我要什么”的问题，对于自己到底想要什么其实是不清楚的。

第二件事情是体力工作。体力工作的取代在人工智能的发展过程当中可能也会成为一个不是问题的问题。真正的瓶颈还是电力，新能源汽车烧什么？烧电。我们知道现在很多国家缺电，但是并不缺石油，这就说明如果有一天大量使用养老机器人等各种各样的机器人，其实电是不够的，包括生成式人工智能的算力电力也不够。记得虚拟货币发展的时候电都给烧光了。如果体力工作能够减少，那么养老就不是问题了，甚至可以让机器人给养老了。

第三件事情就是人和人的协作将会更难。其实现在人和人的协作就已经变得很难了，现在的年轻人很多都自称"社恐"，觉得社恐这件事情不是一个特别难为情的事情，但是我们也看到了协作这件事情的成本是高的。如果发现自己可以做很多的事情也可以活得很好，不也很好吗？所以，很多的年轻人可能就更多地选择与机器而不是与人交往。比如以后你们可以在家里做图像设计，一个图像就可以赚 1000 元，你都不会出门的。未来已来，评价也可以是无好无坏。其实，评价人工智能压根没有意义，说好还是不好，影响不了它。我们的态度非常明确，就是认知优先于评判，对它有所认识才是最重要的。不认识它就评判它，其实只有坏处没有好处。认识了它之后觉得无用，再做判断才好一点。但是认知和预判在文科当中向来是被人摒弃的，有人说文科好像不是去预判和预期的，因为作出的判断不见得那么准确，而且人类太复杂了，成功率很低的。但是，我们只需要一定的成功率就可以了，在股票市场上，成功率只要达到 51%你就是不得了的短线选手了。

如上所述，我们能够看到，今天的认知在人工智能的研究当中是极为重要的部分，所以我们来看一看人工智能的世界到底是什么样的世界。

在宏观的视角下，一说到人工智能革命，大家都会去讲工业革命。我不单讲工业革命。我们来看看历次的革命都带来了什么样的结果。第一次，工业革命淘汰了手工业者，劳动法在 18 世纪的时候有一个比较大的发展。第二次，互联网革命在 20 世纪 90 年代淘汰了传统的信息产业，包括邮件、广告、报纸、杂志，创造的是互联网信息产业、电子邮件、搜索、门户网站。第三次，我们可以看到百度、淘宝、微信的兴起。自从有了微信，我们发短信的次数就越来越少，所以其颠覆性是毋庸置疑的。移动互联革命其实提的人比较少，但是这次革命对我们的影响非常大，移动互联革命和互联网革命完全不同。昨天我刚刚查了一下它的发生时间，始于 2011 年苹果 4S 发布，到了 2012 年人们开始广泛地使用智能手机，2013 年发生了一件非常大的事情，即 4G 网络铺开，随后我们看到移动互联直接爆炸性发展。大家如果还有印象，应该还能够记得 2017 年、2018 年，每天打开新闻，就是这个共享、那个共享。移动互联应用城市爆炸性发展的年代结束于 2019 年。在这期间，还创造了物流快递等。移动互联在制度上给我们带来了极大的反思，为什么这是移动互联的爆炸期也是终结期？是因为国家政府做了一件事情，就是在平台层面进行了大规模的反垄断。

概而观之，智能革命和其他革命不一样：工业革命替代了我们的四肢——我们的腿被车替代了，我们的手被机器替代了。以前我们通过马传信，现在互联网、移动互联网取代了信息的传递。智能革命取代了我们的大脑，好像能取代的东西都取代了，剩下的就是我们可能缺乏的芯片、电力。

在宏观视角下，我们再来作一个比较。很多人认为区块链技术、元宇宙技术也是颠覆性的，和现在生成式人工智能没有什么不同。其实后者与前两者有非常大的不同。区块链技术是希望在数字世界能够像在现实世界一样把一个东西确定为一个东西，比如画了一只猫，在上面使用一种技术就可以和手机一样看得见、摸得着，不会被人复制，这就是数字世界低效化。数字世界真正厉害的是提高效率，所以真正能够让数字世界改变社会的是增效而不是减效。再比如，我们国家的战略是发展新能源汽车。现在出口了很多的新能源汽车，为什么这件事情不具有颠覆性？因为广度不同。如果想知道数字技术的发展广度，可以到农村看看每一个人现在都在刷微信，刷各种短视频，这就是广度。但是不是每一个农村人都开新能源车呢？并不是。

讲了这两件事情以后，再回到人和生成式人工智能的关系上。如果每一个人在广度上都接受了人工智能，会做什么样的事情？现在很多的学者、老师接触了生成式人工智能之后的第一反应是不要用它。比如利用人工智能写的作业很多都被判零分，为什么？学生如果用了生成式人工智能，大脑就退化了。首先，哲学上有一个理论叫递弱代偿，指的是如果有了代偿机制你就变弱了。在人工智能语境下，递弱代偿是指更强的机器和更弱的人，也就是一旦有了代偿机制的部分，相应的这个机制就变弱，如果代偿大脑，我们大脑就会变得比以前更弱了。其次，会形成超级大的信息茧房，其实准确地说是回音室效应。生成式人工智能的回音是整个人类对它的回音，整个材料都是建立在你的材料的基础上，只不过是非常庞大的材料。如果你的庞大材料出现了问题，就意味着生成式人工智能一定是有问题的。这就要问一个问题：生成式人工智能若能够给我们一个大的回音室，人类会不会变得更撕裂？其实会在某一个极端上变得更极端，就像发生在每一个个体身上的那样。最后，是更少的精英和更远的距离。劳动需要的人越来越少，需要的人越来越优秀，就像现在社会发生的一样，越来越多的都是普通的劳动，越来越少的就是精英式的劳动。中产阶级、劳动阶层的存在和发展其实是需要打一个问号的。

后面发生了什么？我来说一说。翻译界其实发生了一件非常大的事情，就是生成式人工智能可以在五年之内颠覆翻译专业。我在华政做过很多次的答辩委员。现在有一个法律英语翻译大赛，我也在这里做评委，现在学生的水平不如软件翻译，关键就在于我翻译的文献，软件翻译几分钟就完成了。我毕业的时候还有翻译公司招工，现在还能看见翻译公司招工吗？打开淘宝，现在翻译一千字多少钱？此外，我们开大会的时候讯飞都提供实时的录入和翻译。上班途中路过的公司都采用人脸识别技术。还有就是医疗，医疗对于我们来说是必须面对的问题。人工智能给医疗带来的影响是颠覆性的，大家之前都觉得需要特别专业的医生，但现在如果有了什么毛病，你可以去查一个东西，例如 WHO 公布的“医生指导手册”。生成式人工智能一定是学习过大量的医生指导手册的，对普通疾病的判断应该不会出错。当然，我这样判断不一定专业，还是以医生的意见为准。我觉得医疗在人工智能的发展当中有可能会被部分颠覆，当然做手术现在还没那么容易实现。在教育领域的问题也比较大，不只是法学，各个专业都是这样的。如果学生去上学，目标不是学习知识，那么教育的目的可能在制度层面就要进行修正；如果整个高等教育的教育结果和就业不能够直接挂钩，那么很多人受教育的目标就要重定。于是，教育行业就有可能在不受国家保护的情况下受到一定程度的影响。我有朋友是专门做无人驾驶的，有了人工智能的帮助，无人驾驶的技术路径有可能会有突破。养老机器人的基本技术路径是完善的。如果我需要被照顾，我可以把家里改造一下，把四周都打上柜子，中间就放一张床，机器人就可以帮助我做很多的事情。目前机械臂的触感系统和视觉系统都是完善的，没有什么问题。

通用人工智能可能需要5至10年的时间。不要轻易相信“ChatGPT5是绝对做不到人工智能”的说法，技术只会比我们想象中的发展得更快，但是社会对它的接受肯定比我们想象得更慢。此外，我们应当评价一下国内生成式人工智能到底发展到了什么程度。例如，文心一言和ChatGPT3的水平差不多，不是说不能用，是可以用的。阿里的大模型还没有做出来，腾讯公开说他们正在做，但是没有公测。现在公布的像讯飞、商汤科技等的产品不尽如人意。值得注意的是，现在很多学者判断是算力上出现了问题。实际上，算力没有问题。阿里云有一万张A100显卡，A100显存80G，现在组装电脑，用的是4090显卡，显存24G，一般的电脑显存是4G，所以A100是用来跑人工智能的主流。A100在国内的价格是13万元，4090在国内的价格是11.6万元，我希望通过价格来说明问题：能够买到就意味着这个东西不是一个问题，13万元不是问题，中国有足够的财力。所以算力对于我们来说不是一个特别大的瓶颈，最大的瓶颈是我们的数据，其实我们的中文数据是不如英文数据的。所以，怎么评价呢？有待观察，说不定哪一天阿里就做出来特别好的东西了。

讲座最后，我要谈一谈，对于同学们来说，今天面对人工智能要做些什么事情。第一件事情就是要用它。与人工智能进行沟通和不与它沟通是两个完全不同的概念。现在大家去使用人工智能和已经使用了三个月人工智能的人已经不一样了，因为他们会使用人工智能的那一套“咒语”。譬如，Midjourney生成图像用什么方法？就是用的“咒语”，就是告诉它要生成什么样的图像。想准确地描述出想象的东西是需要一定的训练的。同样生成文章、生成学术成果也是一样的，想让它帮助去做学术成果，就要对身份进行定位，要对语言进行定位，要对思考的逻辑进行定位，但是这些对于初学者而言是困难的。

第二件事情就是清理手头的工作，进行一个区分。要看什么工作是人工智能可以替代的；要知道哪些事情以后是不值钱的，哪些事情以后是值钱的。未来的协作结构会迎来根本性的改变。之所以大家今天还需要协作，是因为有事情是你做不到的，如果有80%～90%的事情都能做到，你的协作就会变得越来越少。为什么现在年轻人没有像我们这一代人那么喜欢沟通？为什么现在年轻人都喜欢说自己“社恐”？原因很简单，现在的年轻人不需要沟通也可以活得很好。我觉得这个解释比较符合大家目前的心理。生成式人工智能会让协作结构发生非常大的改变,人们会更不喜欢沟通。

第三件事情:就制度层面来说,今天法律人来观察人工智能,会看到其对法治、伦理、道德制度的颠覆是从来没有见过的。

第四件事情:如果你不会用生成式人工智能,你的对手会用的话,那么他在这方面就比你强。

第五件事情:城市。什么是城市?城市不是高楼大厦,城市是人的集合。上海之所以是上海,不是因为浦东的高楼;上海之所以是上海,是因为2500万人在一起,这些人在一起就是城市。但是问你一个问题:生成式人工智能普及了以后,坐地铁的人当中有多少没有班上?你就会知道城市将会面临怎样的解构,没有人的城市不再是城市。城市和乡村之间的划分与现在国家治理体系的建构其实都是基于这一套逻辑的,如果生成式人工智能从根本上解构了这套逻辑,那么我们面临的可能是更大的颠覆。

最后,我们要问自己,包括我自己,生成式人工智能时代马上就要开始了或者现在已经开始了,我们能够做什么事情呢?最重要的是什么事情呢?答案是改变别人将是我们以后最重要的一件事情。那么改变什么呢?就是价值塑造、知识塑造和精神塑造,这三点对我们的未来是非常重要的。价值塑造就是让别人相信什么是好的,什么是坏的。以前是图文、淘宝时代,为什么现在直播可以战胜淘宝,战胜图文?就是因为直播的人看着你的眼睛告诉你,这个东西真的好,这就是价值塑造,这一点图文做不到。知识塑造就是让人相信什么是对的,什么是错的。比如茶文化,对于一个不会喝茶的人来说,喝什么茶都差不多。什么是精神塑造?即确定什么是美的,什么是丑的,什么是好的,什么是坏的。所以今天问自己:我能够塑造什么?我今天做的讲座就是一个非常好的价值塑造的例子,我今天告诉你人工智能真的很重要,如果你相信了,那么我就成功了。

同学们可以回去看看生成式人工智能,观其后效,看看未来的三个月、五个月,甚至是三年、五年和十年以后,是否会有颠覆?今天我就讲到这里,谢谢同学们。

宋保振

我们再次以热烈的掌声感谢于老师。这个讲座确实让人受益匪浅。一方面，我们比较早地接触到这样比较前沿的内容；另一方面，我们知道以后该做哪一块，可能哪一个地方更有市场。总体上我有两点感触：一是我们的眼睛、脑子一定要开放；二是随着人工智能、数字法治时代的到来，要真正切实地进入问题本身，而不是人云亦云。

下面让我们欢迎宋旭光副院长为我们做精彩的与谈。

宋旭光

我简短地谈几点我自己的感想，先分享我的三个经历。

第一个经历：我记得当时在村里上小学的时候，老师说了两件事情令我印象特别深刻。第一是说了“超市”这个概念。我当时特别惊讶，这要怎么监管？这是新的场景、新的模态。过了两年后，滕州市就有了第一家超市。超市开业的时候我记得特别清楚，被一抢而空，大家买了之后不结账都跑了，后来就安装了摄像头，增加了越来越多的监管。第二是我们小学老师告诉我们说，比尔·盖茨预测未来纸质书会被替代，但是这个预测好像没有实现，目前纸质书好像还是不可或缺的。虽然我在教育当中一直提倡学生要看电子书，但是我本人还是会把论文等文献打印出来看。

第二个经历：2012 年我去阿姆斯特丹交流了一年，我研究的方向正好是人工智能，那个时候人工智能是非常冷门的。每次我们中午开会，我的计算机专业毕业的导师就会讲些很奇怪的东西，我听不懂。记得他当时分享了一个例子，是关于自动驾驶的。他讲阿姆斯特丹有一条线，这条线实现了自动驾驶，那个时候我们还没有办法想象自动驾驶。其实今天不仅有自动驾驶，还有无人驾驶，虽然它们只能在特定的线上跑，但是我老师当初讲的东西在今天都慢慢实现了。

第三个经历：上一周在深圳大学开了数据法治研讨会，会议出席者以经济法的专家为主，其中两个实务专家讲得特别好，和于老师讲的内容是一致的。另外，深圳前两年通过的《深圳经济特区数字经济产业促进条例》提出建立一个深圳数据交易所。当时有一个人和我们讲，数据到底怎么样交易？

像房地产一样吗？那将会面临诸多的困难。

刚才于老师讲到，技术发展得非常快，社会接受得还是比较慢的，会相对迟缓一点。我前一年接了一个课题——科技发展对法律和法学的影响。通过历史会发现，法律人的接受比社会大众可能还要晚一点，但是客观上技术发展实实在在会对我们产生影响。例如，现在的学生并不像我们那个时代爱听讲座了，是因为你们不爱学习，还是我们更爱学习？为什么今天大家不愿意听讲座了？我觉得某种程度上也是受科技的影响，因为信息发达了。和我们当年听不到那么多讲座相比，现在我们听讲座的方式太多了。

进一步来看，技术发展对于法律人来讲可能会产生什么样的影响？刚才于老师已经讲了各种各样的新技术形态，大家可以用一用，不用可能真的感受不到这种冲击。我分三个方面来谈。

一是法律服务业的变化。一名英国法律技术专家其实在 1998 年做过一个预测：法律服务业将会变成什么样。20 多年过去了，法律服务业其实发生了翻天覆地的变化。《法律人的明天会怎样》这本书讲到，法律服务业未来是大公司制，现在真有这个趋向。例如深圳新成立了职业经理人的协会，现在律师事务所已经不满足于传统的合伙制了，它们要像公司一样管理，这是一个新的变化。未来是需要我们直观感受的。

二是司法的变化。我原来发过一篇论文，观点是比较悲观的，我认为至少法官是很难代替的，本质上法律人是相对保守的，因为我没有任何技术背景，所以我是偏向于保守的。美国联邦法院的法官们时常关注科技领域的新发展、新进步，但他们的反应往往相对迟缓，在他们自己业务的某些方面应用新技术时，他们总是审慎地行动。我们从讲座当中也可以看出来。例如，我上周听的和这周听的，是在讲同样的内容，但技术大佬却可以将内容呈现得相当绚丽。我们于老师采用的还是法律人常规使用的 PPT 的形式，于老师肯定是拥抱新科技，但是在授课的时候也像我们搞教育改革一样停留在原来的地方。我们法律人上课如何变得像有些专业那么绚丽多彩？这是我们需要考虑的一个问题。

三是法学教育的问题。例如，在跨学科教育中，保振老师说要在信息工程学院兼职副院长，我觉得特别有意思，一个工科的学院能接受做法学研究的老师去做他们的领导，这是一个非常崭新的尝试，能够带来一些新的变化。跨学科研究是没有问题的，但是对于法学院的学生来说，这种跨学科的知识汲取到底以什么样的形式进行，可能还是值得考虑。如何把跨学科的教育和研究结合在一起，这个问题如果能解决，对于学生的教育包括研究会发挥更好的作用。

我简单说这些，谢谢大家！

宋保振

谢谢旭光老师。从旭光老师的与谈里面，我想起了一本书《数字化生存》。书里讲到我们这个世界不只和计算机有关，它还决定了我们的生存。这本书原本在20世纪90年代不火，但是现在伴随着人工智能研究的热潮，逐渐被人熟知。与人工智能国家大政策直接相关的是来自北京的赵精武副教授，我们听听他如何看待这个问题，掌声欢迎。

赵精武

谢谢保振兄的邀请。我来自北京航空航天大学，我们学校主要是以航空航天研究见长，法学是相对比较小的学科。我自己的教育背景比较特别，我修了很多计算机的课，能深刻地感觉到计算机和法律很难通约。我每周五上完最后一节量化数学课的时候，都感觉真是太难了，每次老师给我派的研究课题也很难。这两年我在寻求转型，尝试写一些计算机相关的文章。其实ChatGPT产生之后，我就快速地把它嵌入工作流程里面了。比如，我开了一门课就是“法律信息检索”。我把ChatGPT作为检索的前置性环节，先看看它给我的答案，然后再做一个专业的分析，说实话效率确实很高。我把我的文章放在ChatGPT基于API端口的二次开发的模型里面，会发现其对文章分析的结论甚至比我的研究生做的还要好，我甚至看到了很多自己原来没有想到的亮点。

我的评议围绕三个部分展开，即ChatGPT生成式人工智能对人的影响、对法律的影响、对教育的影响。

我很认同于老师讲到的“通用式人工智能不会这么快地产生”这一观点，因为专家型的人工智能没有出现。我这几天一直在和北大法宝的老师交流。我请北大法宝的一个培训老师专门和我讲ChatGPT接入北大法宝之后会产生什么样的专家系统。我们可以看到,这样一个专家系统的产生可能会作为ChatGPT应用的小模型,它会慢慢地产生通用人工智能,这是一种趋势。但是如果大家现在就有一种危机感,以早点代谢掉这些可能产生的风险,就能在将来更好地处理一些法律上的问题,这是我需要提醒大家的。

为什么ChatGPT会对人产生影响呢?刚才旭光老师举了一个关于小山村超市购物的例子,从抢到不抢,其实说明了一个道理:人是可以被规训,可以随着技术的变化,随着规则的建立,慢慢地按照规则的方式来行事的。所以在这里,我要提醒大家,ChatGPT对于人而言的真正可怕之处,也是国外很多伦理学反思的问题,就是以后人可能会失去提问的权利。当你问ChatGPT一个问题的时候,当其有了自己的价值、意识的时候,它会引导你来提一些问题。去吃东西的时候,会选择大众点评进行检索,看看你喜不喜欢这个东西,或者是这个东西的评价怎么样,这就是专家提出的“信息茧房”。我们正在慢慢地丧失社会能力,这就是ChatGPT对人的影响。

如果我们丧失这种能力,那么该怎样反思这个问题?其实大家想想,机器真的不能够帮助人作判断吗?其实机器是可以的,但是人不愿意放弃作决定的权利。如果我愿意放弃这个权利,机器帮助我们作的决定就是可靠的,那么,我作为人,怎么强调人本主义?所以,机器对人的影响可能会产生在对问题的设问方面。

另外,ChatGPT对法律会不会产生影响?我要反思的问题是,在数据法学领域有太多的泡沫。我们现在有一种立法上的错误(我自己也写文章批评过),即经常会陷入一个技术对应一部法律的立法范式当中。其实,我们应当想想,人工智能的发展到底有没有对既有的法律框架当中的权力机构、权利义务体系产生影响,将来大家研究的时候可能也要避免类似的过于泡沫化的问题。

当然,还有一个问题:ChatGPT应用到底会不会颠覆法律?于老师讲到它会使法律有一个革命性的变化,哪些地方会有变化?首先,也是第一点,法律的存在不会被颠覆,因为法律本质上来说是一个经济性的认知框架,每个个体认知都是有局限性的,但它是一个平衡认知的工具,所以法律的价值肯定不会被完全消解掉。价值判断有没有办法被取代?这个问题我在前面回答了，价值判断是可以被取代的，只是人作为人，不愿意让渡出判断的权利。

如果大家进行法律研究，什么部分会被快速取代？一些研究法律教义学的学者可能是很危险的，我说的法律教义学学者可能是研究表层法教义学的学者，研究概念化的法律形式逻辑的学者可能很快也会觉得有影响。教义学追求的目标是形成一个概念天国，如果这个真正实现了，这部分学者或者是这部分研究者可能会被替代。在这里，我提醒大家不要进行一些单纯的表层教义学的研究，因为这部分法律工作即将可能失去存在的价值。

说完法律，我想讲一下教育的问题，ChatGPT 的应用会使教育变得更贵，因为这就要求人有更强的判断力。其实法律内部系统是不生成原理的，法律基本上是有基本学科的研究方法并拓展至整个法律学科的，这也是社会法学和法教义学一直有非常激烈的争论的原因。因为法学自身不提供理论，所以我们就需要在研究的时候引入其他的理论，ChatGPT 恰恰不能做的就是这个部分。如果问它法律的条文问题，它可以解决，但当问它复杂的制度供给，需要不同的学科共同建构问题时，它就做不了这个工作了。所以一个专家型的系统可以出现在法学领域，但是要把所有的理论融合进回答系统，可能需要 3～5 年的时间，这是我想和大家说的问题。

我的判断结论有以下三点。

第一，专家人工智能会出现，但通用人工智能不会这么快出现。

第二，法律系统不会被颠覆，但是表层的法教义者会被替代。

第三，教育的成本会更贵，因为未来更需要独立自主判断的能力，而这个能力的培育需要非常高的教育成本。

以上就是我的三个简单的结论，同时回应了两位老师，谢谢！

宋保振

今天讲座到此结束，感谢两位与谈人的精彩发言，也感谢于老师的精彩讲座！

（编校：赵常伟）

数字时代的法律变革与数字法学建构

主讲人：郑智航　山东大学法学院副院长、教授、《人权研究》执行主编

　　　　王　静　青岛大学法学院副院长、教授

报告人：于　霄　上海师范大学哲学与法政学院副教授

　　　　赵精武　北京航空航天大学法学院副教授

　　　　宋保振　山东大学法学院副研究员

　　　　何晓斌　山东大学法学院助理研究员

　　　　雷海玲　山东大学法学院博士研究生

　　　　陈吉栋　同济大学法学院副教授

　　　　郑玉双　中国政法大学法学院副教授

　　　　宋旭光　深圳大学法学院副院长、副教授

　　　　裴洪辉　北京交通大学法学院副教授

　　　　傅爱竹　山东大学法学院助理研究员

　　　　曹永海　山东大学法学院博士研究生

评议人：李　鑫　青岛科技大学法学院副院长、教授

　　　　周文章　山东大学法学院助理研究员

　　　　许庆永　青岛大学法学院院长助理、副教授

　　　　綦　磊　青岛科技大学法学院副教授

　　　　崔寒玉　山东大学法学院助理研究员

时　间：2022 年 5 月 27 日下午

方　式：山东大学青岛校区华岗苑北楼 3 楼中厅会议室

郑智航

各位老师、同学，下午好！

今天非常荣幸邀请各位专家和学者参加山东大学博士后交叉创新论坛“数字时代的智能司法”学术研讨会暨山东大学数字生活与未来法治青年论坛。

从2018年开始，法学院就非常注重数字时代的法治问题以及数字法学的构建。我们在2019年成功地申报了山东省人文社科首批创新团队项目，即“全面依法治国战略实施中的数据运用与数据治理创新团队”。这个项目由山东大学资助5年，经费共400万元。在这个过程中，我们积极探索人才培养模式，在国内率先创立了法律与国家安全专业（20个学分，共有8门课程），面向全校招生，目的是培养“法律＋网络安全”的复合型人才。在这个过程中，学院逐步探索开设了网络法理学课、网络刑法课、网络行政法课、网络民法课等一系列课程。当然，经过两年多的运转，积攒了一些经验，也更多地看到了一些不足。这些课程的研发和开设主要由年轻老师进行。这些年来我们在数字法学方面积极加强科研，逐步建立实验室。法学院一楼已经初步建立面向法律人的人工智能系统，经费基本到位，已经购买了一些设备，目前正在装修，大家下一次来就可以参观我们的实验室了。

下面，我介绍与会嘉宾：

谢鹏程，山东大学法学院教授；

于霄，上海师范大学哲学与法政学院副教授；

赵精武，北京航空航天大学法学院副教授；

李鑫，青岛科技大学法学院副教授；

王静，青岛大学法学院副院长；

陈吉栋，同济大学法学院副教授；

郑玉双，中国政法大学法学院教授；

宋旭光，深圳大学法学院副院长；

裴洪辉，北京交通大学法学院副教授；

许庆永，青岛大学法学院副教授；

綦磊，青岛科技大学法学院教授。

另外，还有山东大学法理所的宋保振、何晓斌、周文章、傅爱竹、崔寒玉老师以及一些博士生，再次以热烈的掌声欢迎大家的到来！

今天的会议以年轻人为主，在谢老师的指导下召开。会议形式比较简单，直奔主题，我们直接讨论问题。

下面有请上海师范大学哲学与法政学院副教授于霄展开演讲，题目是“数字社会的民法基本问题”。

于霄

谢谢郑院长。来到母校，上午讲了人工智能，现在我就讲一讲最近的一些研究，给大家作一汇报。

第一个问题，现在的数字民事行为也是民事行为非常重要的方式之一。这是我们不能不承认的事实。如果研究民法忽视了社会现实，无异于无本之源。而且数字法学还有一定的复杂性，因为数字社会的发展不是今天就结束了。智能互联、移动互联相对来讲比较完善了，但人工智能不是来了吗？人工智能难道不需要研究吗？我们反思数字科技对民法的影响，可能是对民法基本理论的影响，而不是枝节的修补。我在第一篇文章中对“意思自治”作了反思，我想探讨的是，数字社会民法的一些基本理论还成立吗？这是一个非常重要的问题。

上午我讲了人工智能，这里不多作介绍了。但是为什么还要讲民事基本问题？数字法学已经给出了一个语境："数据二十条"[①]使“数字法学”学科化了。中国人民大学对这一问题跟进得比较快。数字法学要有学科体系，我们要建设数字刑法、数字民法或者数字法理学吗？其实现在并不清楚。学术体系、研究方法、研究内容以及话语体系非常重要。作为民法学者，我们在反思数字社会的一些基本问题时，应当从学科体系、学术体系、话语体系三个方面进行思考，而不能仅就人工智能进行人工智能规制，就短视频进行短视频规制。这种思维是难以适应数字社会的发展的。但是现在整个学界，特别是民法学界，还有相当部分学者认为数字法学本身没有新问题，而只是行政法或者刑法的问题，是不是这样呢？

① “数据二十条”指《中共中央　国务院关于构建数据基础制度　更好发挥数据要素作用的意见》。

首先是民事主体。现在我们看到的研究大部分都以自然人、人工智能、算法、平台为中心来考虑主体问题。但是主体问题到底是什么问题？主体问题有这样几个层面。一是主体是自发的，人之所以为人，是因为人就是一个人，这是不需要解释的。但是在数字社会当中这个命题能不能成立？在电脑里面输入ID，ID就是一个人。数字社会的一个人代表几个人？似乎说不清楚。二是责任能力。责任能力就是责任担保，有一定的财产就可以作为责任主体，这样数字主体就有很大的升华空间了。三是意思能力。行为能力就是行为法赋予的法效果吗？我觉得行为能力包括两个方面：一个是规范主义分析方法里的法律效果，另一个是事实效果。我们不得不承认现实世界当中有一些意思不需要法律赋予效果自然就有效果。这种情况下我们对于行为都有认知。比如，算法对人的引导在民法上可能不属于行为，但事实上已经有了意思参与的效果。这就是我对算法辅助决策的一个认识。

现有的研究主要集中在人工智能方面。三年前研究主体问题，现在研究平台监管问题。但是对平台作为主体的研究，实际上偏重于规范层面。一些行政法，如《数据安全法》《个人信息保护法》，使用“平台”这一概念。而民法对平台没有太多研究，平台在民法中是什么？很多学者进行了研究，但是仅仅是把平台理解为著作权主体。因为现在平台趋于复杂化，所以其实仍然有很多问题。在主体研究方面，目前还没有非常成熟的想法。

其次是民事客体。对于客体的认识，最早的研究大部分集中于数据和信息，比如，对数据进行各种分类。现在的研究主流是数据三权分置，这是一种进步。但是将数据权利分置为持有权、加工权、产品经营权等，这种分法具有多少科学性？这里要画一个问号，因为根据《物权法》的基本理论，物应该具备三种最基本的特性：一是有用性，二是稀缺性，三是流动性。

一是数据有没有价值？这实际上是一个问题，而并不是一个先在的前提。很多学者认为物本身就具有价值。这里提供一个信息：上海市已经成立了数据交易中心，根据这个中心的数据交易量，可以推知现在数据的价值。例如，最初开始打车的时候，提供一份数据需要补贴6～10元，现在哪个App给消费者钱让其上传数据呢？这充分说明人的数据不怎么值钱了。这是价值的问题，真正有价值的是什么？是基于数据的服务，而不是数据本身。

二是稀缺性，即数据的稀缺性。在数字社会，什么是最稀缺的？我认为，目前算力比较稀缺，有人可能认为算法更难，还有人认为电力稀缺，我们现在还不是很确定。随着技术的改变，这些将有更大的改变。现实中，稀缺性是处于变动状态的，比如以前贵金属是稀缺的，后来石油是稀缺的，事实上目前石油似乎也不再稀缺了。

三是流动性、可交易性。对于研究主题来说，我认为学界有一个非常大的转变，即从数据保护向数据利用的转变。

最后是考虑权利和义务。在法律关系里，数字的基本逻辑和现实的基本逻辑存在差异。数字的基本逻辑是数字系统的扩张，也就是平台的扩张。因为它不增长就会缩减。考察一下淘宝和拼多多两个平台之间的关系，就会非常清楚地看到，现实的逻辑就是数字社会与现实社会之间的协作成本的博弈。如果数字社会能够给我们提供低成本的交易，那么现实社会当中的规则怎样才能战胜数字社会的规则？这一点需要我们思考。在这个前提下，我们要考虑目前对人工智能的态度问题。在现有条件下，谈论人工智能的规制将面临非常大的风险。技术的发展受到规制之后会产生非常强烈的技术上的寒蝉效应。这将使技术具有不可发展性，欧洲就是前车之鉴。

对于这些问题，可以有一些思考的方法，比如数字社会物债二分怎么分？用区块链把其中的内容固定为元宇宙，让数字社会变成现实社会的翻版？排他性中有一个非常重要的问题要思考：数据可以保护吗？这是一个问题。数据能够保护吗？有的时候我们认为它要保护，但是真的能做到吗？如果数据得不到保护，在数据保护和数据利用当中如何取得一个新的平衡？这就是现在学术研究最为关键的问题。此时，我们可能需要重新定义“权利”。

第二个问题，数字社会民法的原则。原则有很多，一是意思自治，就是自由、选择，这是民法的基本内容。人的意思之所以可以产生一定的效果，是因为内心的意思表达出来，与别人形成了法律上的认同，这就是意思自治。为什么要有效果？这是因为人的选择本身可以创造价值，可以让自己获得尊重和开心，这样人类社会就会发展。但是现在的“意思”真的是自己的“意思”吗？不尽然。很多的“意思”，比如到淘宝网站买一个东西，在购买意愿发出的时候就参与了很多排序、推荐等。这属于算法意思，这个意思是辅助的意思，换言之，就是被人引导的意思。

二是理性，这是判断人的主观方面的重要法律设计。很多情况下不能够判断人是对的还是错的，这时需要给一个标准的模型，判断算法可不可以这样。如果算法不通过理性的方式进行规制，也许我们根本就没有任何一种方法可以在民法上判断一个算法设计得合适还是不合适。因为算法是黑箱，是复杂的。我们作为普通的法官、律师、学者，如何了解算法？算法公开透明并非易事，需要付出成本。怎样找到一个简单高效的方法来判断算法设计得好不好，这是民法学者值得思考的问题。

三是平等，民法设定所有主体都是平等的。对于不平等的，就放在《劳动法》《反不正当竞争法》《反垄断法》当中，民法不断地限缩自身的主体。工业革命后，就存在这样的现象。但这是不合适的，因为数字社会给我们带来了大规模的不平等，掌握算法的主体和受算法规制的主体平等吗？他们在民事关系上不平等。掌握了人工智能的劳动者和不掌握人工智能的劳动者平等吗？掌握手机运用的人和根本没有见过手机的人在数字社会平等吗？他们是不平等的。我们怎样反思民事主体的平等性？这需要在数字平台治理中重新构造。

四是保护，保护是民法当中非常重要的命题。因为不管是商事交易中对消费者的保护，还是垄断法中对非垄断方的保护，抑或是对格式合同相对方的保护，这些保护都是民法当中非常重要的命题。例如，数字技术转型对农民保障制度构成了挑战，实际上，这个数字转型特指数字农业。

五是对规范主义的反思，实际上，这是建立在法解释学、法教义学基础上的。我们需要思考规范真的就是规范吗？民事规范真的就是规范吗？因为我们一向认为法律要先天被所有主体知道并且遵守，但是这个基本的假定在数字社会当中需要被反思，数字社会有很多民事规则已经受到了冲击。

整体上，我最近的研究就是围绕着这个框架在进行，思考还不是很全面，希望大家多多指教，谢谢。

郑智航

感谢于老师的演讲，他用实际行动验证了数字法学和传统法学的关系。他认为，数字科技在很多方面给传统民法带来了一定的挑战，进一步回应了陈景辉老师对于数字法学的批评和质疑。有些观点确实让我们收获非常大，比如针对数据的价值认识提出了一个新的观点，即数据本身没有价值，是基于数据产生的价值，这值得我们进一步思考。数据不是当代社会才有的，也不是网络社会才有的，传统社会也有大量的数据，比如写在纸上的户籍也是数据，为什么就不能产生这样的效应？通过计算机、互联网、云计算等，这些数据产生了一种劳动。这种观点值得我们进一步深入思考。

下一位发言人是北京航空航天大学法学院副教授赵精武，题目是“生成式人工智能应用风险治理的理论误区与路径转向”。

赵精武

感谢山东大学的邀请，很幸运在这里学习。我是研究民法的，对于老师的问题可以作两点回应。数字社会中，我们不得不承认技术对民法产生了很多影响，确实有一些理论问题没有办法回答，但有几个点我想补充一下。越来越多的数据追踪行为干预了意思自治的实现，在交易过程当中，其通过推送和自动化决策将用户的数据生成用户画像，用户的信息被经营者操控，所以意思自治很难实现。

自动化技术削弱了我们对交易的控制能力。法律行为的实施是以人工的方式实现的，这样当事人对法律行为就有很强的控制力。有区块链技术，就有了所谓的智能合约。在合同履行层面，如果债务人拒绝履行，可以不通过司法渠道解决，而通过技术自动划账即数字给付来解决。数字时代我们更多需要的是数字内容、数字服务。《所有权的终结：数字时代的财产保护》这本书就是对数字给付的佐证，我们不会考虑控制实体权利的转移，但会对持续可用性进行考量。这导致数字交易中本初的所有权讨论没有那么充分，更多转向持有权和其他权能。

所有人的相关信息和数据已经被慢慢嵌入交易结构当中，几乎所有的App都涉及个人信息保护。可以发现，在很多行为里，个人信息甚至成为给付的一部分。最典型的就是破产企业，大量经过匿名化后的个人信息能不能作为企业资产进行处理？答案是肯定的。今年网信办专门出台了一个关于破产企业个人信息处理的规定，专门提到数据销毁的问题。如果不承认终端意义上的删除和销毁，我们的个人信息就会流落得到处都是。

我今天想讲讲 AI 治理背后存在的误区。现在很多 ChatGPT 的讨论范式认为,一旦出现新问题,就要快速立法,用配套措施或者以特别条款的方式解决 ChatGPT 存在的各种各样的风险。这种讨论的范式很有价值,但是没有说清楚新兴风险的特殊性在哪里,为什么会出现这样的问题。我觉得根源在于我们把风险类型、风险程序两个概念混同了。我认为并不需要再立很多领域的新法,重点是如何激活现有的立法资源。对于 ChatGPT 的风险,我不再赘述,当然我们都有一个担忧,现在来看,ChatGPT 明显包括数据安全风险、网络舆情监控风险、算法歧视风险等各种各样的风险。我问过 ChatGPT:你有什么风险?它的基本想法是:“对不起,我的风险不是太大。”我们可以看到现有的技术风险是一种感受,这种感受处在猜想和假设阶段。这样的风险到底有没有可能发生?我们不知道。当然 ChatGPT 展现出巨大的安全风险是大家能感受到的,所以网信办急于出台人工智能管理办法,但它始终没有说清楚我们要解决的问题有哪些,以及基本原则、责任体系如何建构。在人工智能发展没有得到清楚的风险界定的情况下,过早地用法律干预产业问题可能属于超前规制。

现有的立法是不是必要的?我认为,现有的风险并没有超出既有的风险类型。ChatGPT 的调整对象有没有超越法律的逻辑?一般来说,特定的产品和服务很难成为法律具体的调整对象。法律没有必要针对一个产品或服务作出精准调整。法律调整的是特定的法律关系,而不是某一个业态或某一个具体产品应用。这个方式也忽略了法律的稳定性考量。现有的立法可以解决 ChatGPT 的各种风险。立法论的思维范式有一个前提,即现有的立法无法防范新的风险。然而,ChatGPT 没有超出现有立法的范畴。目前,基本的讨论是关于商业秘密、个人隐私的。如果 ChatGPT 大规模采集个人信息,将增加数据泄露的风险。在国家安全层面,ChatGPT 会成为重要数据秘密窃取的出口。但是既有的《数据安全法》《网络安全法》《个人信息保护法》可以部分回答这个问题。最重要的一点是,ChatGPT 会成为最新的犯罪工具。我们要知道刀是不能杀人的,杀人的是用刀的人。每个技术都会产生新的风险,但这并不意味着每个风险都值得我们耗费立法资源来解决。

风险程度和风险误区有没有必要立法?现在有很多网络安全漏洞、算法服务管理的规定,这些已经是立法论比较典型的例证了。其中的很多内容可以运用于对 ChatGPT 的监管。对 ChatGPT 不管采取什么样的规制手段,更多的还是社会危害性判断标准产生了一定的变化。

此外,ChatGPT 有一定造成损害后果的概率,这也未超出现有的立法框架。有一些学者否定立法论,认为现在立法属于超前布局。但是不进行单独的创新性立法,不代表对其视而不见。我们需要考虑的是,如何激活现有的立法资源来解决问题。这里,我想到了现有的治理范式框架的变化。欧盟和域外对人工智能的立法思路,与国内有非常大的差别。国外学者用科技伦理法、软法治理方式回答人工智能的不利影响。国内学者则讲究损害结果,一旦发生概率不确定的技术风险就必须监管。对于这两种立法范式,应采取哪种?没有很好的结论。但这些软法治理的方法可以部分解决所谓的技术风险的防范问题。欧盟学者基本上采取了以算法黑箱为中心的解释方法。既有立法资源可以考虑强化对 AI 的伦理评估。国家层面该怎么解决?可能要启用《互联网信息服务算法推荐管理规定》第 7 条中的科技伦理审查机制。科技部针对审查出台了办法,这可以很好地解决不停地启动新的立法资源解决新兴技术风险监管的问题。

人工智能对民法体系会产生什么影响?有一篇文章讲到安全原则,在治理框架下涉及科技伦理,这是我们国家很特别的一个机制。当然,我也看到于老师提出了伦理审查的问题。在现有的法律框架下,在不立新法的情况下,激活算法安全原则,可以更好地与算法安全评估机制进行衔接。

AI 技术的场景应用、安全要求、具体内容管理流程与边界,可以作为激活条款。同时,可以对 AI 实施从专家系统向通用人工智能转化过程中的风险防范。科技创新的迭代速度越来越快,如果总是采取新兴立法论,可能会陷入一个误区。如果每一次技术创新都进行一次全新的技术立法,这样在人工智能发展阶段,就将错误地引导企业以及政府部门的发展思路。既然我们重视科技伦理,那么为了平衡技术风险,就必须激活立法资源,在既有的法律框架下消除风险。以上就是我的简单发言,谢谢各位老师。

郑智航

非常感谢赵老师深入的分析,赵老师对立法论的解释和处理新型问题方式的缺陷进行了很深入的阐释,并进一步提出了激活算法安全评估机制和算法伦理原则的观点，我们很受启发。在科技时代，立法其实很难。立法可能对科技发展造成阻碍，所以在这个过程当中充分运用既有的制度和框架解释问题很重要。

下一位发言人是山东大学法学院副研究员宋保振，他发言的题目是“中国数字法学研究的奠基与深拓——中国数字法学研究报告（2018～2022）”。

宋保振

谢谢各位老师、各位同学，数字法治、数字法学的相关成果有很多，于霄老师讲到，1万篇文章里有2000篇关于平台治理，3000篇关于大数据。我的报告主要涉及几部分内容。

第一部分，梳理内容的时候，我没有把数字法学、数据法学、计算法学、人工智能法学进行概念辨析。不同概念背后的所指是不一样的，但如果进行区分，那么系统地整理就比较难，所以我通篇用了“数字法学”这个概念。

真正有关这个问题的研究是从2017年之后开始的，是伴随着我们国家的大政策开始的。司法首先介入这个领域，所以我主要从司法裁判、技术运用辅助这些角度来谈。之后又有一个背景加持，就是制定《民法典》、出台《个人信息保护法》。2020年之后出现了大量的围绕平台和算法治理的研究，以及开始了对数据本身的价值确权问题和定性问题的研究。这个阶段国家出台了一些政策与文件。数据作为一项生产要素，需要研究里面的内容。虽然2017年之后大量的学者在讨论这个问题，实践领域也在讨论，但是中间也呈现出相应的阶段性特征，所以我将研究的起始点定为2018年。

第二部分，面向法理论的研究，这个内容比较多，我把它总结为三点。第一点是基于一般法理的数字化研究，以及基于部门的数字法学研究。一般法理的数字法学研究呈现出几个特点。一些学者围绕法理的基础论范畴讨论，如发生的新变化，产生的新概念，出现的新范畴。第二点是关于法学的基本概念和基本价值的研究，比如数字正义、算法正义、数字权益、数据权利、数字人权。第三点是关于数字科技与法律关系的研究，分为三部分，每部分都有一些学者及其代表性观点，我从三个小方向进行了整体性的综述。

另外就是通过部门法理划分的数字法学研究，如民法领域、刑法领域、行政法领域、经济法领域的研究。数据法学的研究者认为，民法、理论法、刑法都可以共同围绕一个问题，进行多角度、多学科的对话。传统的部门法划分仍然是一个重要的梳理标准。于霄老师第一个报告里提到了民法的基本问题。我梳理的和于老师梳理的相比要弱得多，因为这只能删繁就简。对每个领域比较重要的，我进行了整理，并基于此想要把特点说清楚。

第三部分，面向法实践的数字法学研究，也分为两点：一是法的运行，二是学科建设和人才培养。法的运行包括立法、执法、司法、法律监督几个层次。这几个层次已经做了什么？有什么成果？最典型的是司法领域，从智慧司法到人工智能司法、司法制度改革、互联网司法中的技术完善，我在每一个方向都进一步作了细分。另外是基于学科建设和人才培养的数字法学研究，即有关数字法学学科属性的研究和人才培养的研究。

第四部分，我们当下研究的特点和问题。这个特点规定得不是很好，我一直在修改。一是调整了修饰词，二是对所谓的“横断性特点”进行了增补。研究特点的过程中，我有点不自信。因为特点不是自己归纳出来的，而是需要运用数据来证明。创新则需要从所谓的选题、概念、制度、理论各方面进行分析。这几个特点难以把握，这也是综述里比较关键的部分。

对于发现的新问题，我总结了两点。当然这两点肯定不全面，但比较重要。一是忽视法学基本基础理论范畴而招致“制造学术泡沫”的批判。二是交叉研究未真正融合各学科概念范畴和话语体系。山东大学现在也在力推交叉融合，新文科大基地和组长都在山东大学。由于工作关系，我也接触了交叉融合，理解了一点。大家都在谈交叉、谈融合，但是像喝水一样，仍然茶是茶，水是水，不像糖和盐，会溶于水。

第五部分，针对这两个问题谈一谈未来的展望。第一，我们肯定承认这是一个难得的历史发展机遇，这是时代赋予我们的机会，所以法学研究要跟上。第二，对未来发展的展望要客观看待存在的问题。数字法学研究分三个阶段：一是作为技术和方法的阶段，该阶段主要强调数字技术在法学领域的运用；二是作为对象和内容的阶段，这个阶段研究技术发展和运用中存在的法学问题；三是作为基础和范式的阶段，目前交叉研究未能真正融合各学科概念范畴和话语体系。现在来看，虽然一些开拓性比较强的老师已经开始向第三个阶段探索了，但我们可能仍处于而且还会有一段时间处于第二个阶段。

如上就是对这个问题的归纳和思考。再次恳请各位专家、各位老师批评指正，谢谢各位老师！

郑智航

感谢宋老师梳理的报告。这个梳理确实很有必要，一方面通过梳理能够找出我们取得了什么成绩，另一方面也为下一步怎么提升指明了方向，非常有意义。下一位发言人是山东大学法学院助理研究员何晓斌，题目是“平衡论视域下的个人信息保护”。

何晓斌

个人信息保护在民法学界和行政法学界、宪法学界争论都比较大，一个非常重要的前提是为什么出现这个争论，如何看待平等问题。从公法角度看，我认为个人信息保护最核心的一点就是信息主体和信息处理者之间的不平等关系，只要平衡好二者的关系，个人信息保护就真正有实效。

具体来看，实现平衡的关键在于个人信息保护制度里最核心的制度设计。因为我研究基本权利，就把它落脚到个人信息权的概念上。我们看到对于个人信息权的认识有各种不同的说法，特别是针对权利属性的问题有非常大的争论。这个争论主要来自民法学界，他们认为个人信息权是一种人格权或者财产权。对个人信息权利属性的认识有没有另外一种看法，或者其他的可能性？在个人信息权利发展过程中，民法学界将其界定为一种私权，这有一些历史来源。《民法典》规定了个人信息权，但是从规范的角度讲，《个人信息保护法》《网络安全法》的出台在一定程度上冲击了个人信息权属于私权的规范基础。从历史发展角度讲，在个人信息权的发展过程中，隐私权扮演了非常重要的角色。过去我们用隐私权保护个人信息，现在个人信息得到了独立保护。正是对隐私权的保护，造就了个人信息权属于人格权的认识。随着个人信息由隐私权到个人信息独立保护的转变，实践要素或个人信息保护的实践效果成为判断其属性的非常重要的理由。如果将个人信息界定为一种人格权、财产权，就意味着它会匹配人格权或者财产权相对应的保护模式。如果人格权用侵权责任制度来保护，有什么区别呢？有学者认为，财产制度的优势在于为信息主体创设一个许可，得到许可之后才可以使用。这实际上是对信息主体价值观的一种保护。但是如果采用侵权制度,就意味着只要对方支付一种国家规定的价格就可以使用个人信息。这是财产制度和侵权制度的区别。

整体来看,由于民事上对于双方平等关系的预设根深蒂固,不便于调整,所以民法学界提出了一系列办法,比如对新型损害认定、因果关系推定等要件进行改革。甚至《民法典》也发展出了人格权禁令制度,试图提前接入预防性保护。这时可否从公法视角把个人信息权归纳为一种正当程序权?这个理解是否提供了一个新的视角?

首要处理的是信息处理的不平等关系,至于不平等关系如何产生的,学界已经达成共识,这里不详细讲。从个人信息法律制度来讲,法律本身把它视为不平等的制度。例如,《个人信息保护法》明确规定,自然人因个人或者是家庭事务处理个人信息的不适用该法,并且对个人信息义务方规定了一些特殊标准,包括组织架构、技术保障、合规审计、评估能力等。美国《加州消费者隐私法案》甚至明确规定了什么样的信息处理者可以被纳入法律规制:年收入超过 2500 万美元,为商业目的处理 5 万条信息的主体才会被纳入法律调控范围。如果信息处理者和信息主体之间权利差距不明显,则不被纳入信息保护法的调整范围。

为什么界定为正当程序权利呢?这关涉正当程序的实践价值。一是通过正当程序提高信息处理透明度,二是基于正当程序防止权力恣意从而提高效益。从正当程序层面解释,防止信息主体恣意行使权力意味着只能是法律明确的权力,这个"权力"不能任意创设。我从这个角度理解个人信息保护制度或个人信息权,可能有很多不成熟的地方,请各位专家批评指正,谢谢。

郑智航

感谢何晓斌的精彩演讲,他把个人信息理解为一种程序性权利。这个观点对学术界有很大的冲击。下面有请山东大学法学院博士研究生雷海玲,她发言的题目是"个性化分析的法律规制"。

雷海玲

尊敬的各位老师，下午好！这个主题很多学者都直接或间接地研究过。郑智航老师的《平衡论视角下个人免受自动化决策的法律保护》(《政法论丛》2022 年第 4 期)就涉及这一主题。作为一名学习者，我首先对各位老师和国外学者的相关研究进行综述，然后再介绍本篇论文的创新点。

大体而言，国内外研究的共性特征有两个：(1)均意识到了信息个性化分析会对个人的主体性产生限制；(2)均主张以法律手段对信息个性化分析进行规制，并在一定程度上意识到了现行个性化分析法律规制手段的不足。我国数据法律规范里的个人特征和身份指向性更多指涉个人信息定义中所列举的那些外在特征，如姓名、出生日期等。而欧盟的《通用数据保护条例》(*General Data Protection Regulation*，简称 GDPR)所规定的“识别”概念对身份认同并没有形成统一理解。当一个自然人何时可以被识别以及识别某人意味着什么都不清楚时，争论一个自然人是否可以被识别是没有意义的。此外，个人身份信息是美国信息隐私监管中最为核心的概念，但是美国的信息隐私法对该术语却缺乏统一的定义，而且这一术语无法涵盖间接识别的个人信息。

当然，国内外研究也存在很多差异，这些差异主要与各国不同的个人信息或数据保护立法模式有关。因此，我对不同的立法模式进行了比较。(1)国内外关于个性化分析的法律规制策略不同。我国法律规范本身的表述过于抽象和模糊，对于什么是“不针对其个人特征的选项”和“拒绝方式”都未有司法解释予以明确。这就导致司法实践中很难有效援引相应规范来审判案件或对案件的裁判出现偏差。例如，在中国 cookie(服务端保存在浏览器端的数据片段)隐私第一案中，二审法院的判决忽视了经由 cookie 信息的个性化分析结果违背了主体的意志自由，同样能侵犯主体在网络中的私密性和安宁性这一点。相较之下，欧盟 GDPR 的规定则比较全面，它赋予了用户近乎完全的拒绝权。除了极少数例外，只要企业处理个人数据，个人就有权无条件提出反对。当然，这样做存在的问题在于 GDPR 采取严格的个人控制模式显著增加了企业的合规成本。美国则采取分散立法与行业自律相结合的模式，对于用户画像的法律规制主要停留在联邦贸易委员会监管建议的层面，并未上升为明确的立法，也没有设置统一的监管机构。这就导致对违法的个性化分析行为处罚欠缺强制执行力，对个人信息保护的实效性难以落到实处。(2)国内外关于信息个性化分析法律规制的立法目的不同。欧盟的数据保护立法遵循人格尊严权绝对优先的原则，采取个人权利本位模式，对个人信息权利内容的规定相对而言是最全面的。当然，欧盟也并未完全否定数据利用的价值。相较于欧盟，美国的数据权利保护宽松很多，大多数情况下，其并不会对数据企业施加过重的数据处理义务，而是会将数字经济发展与数据权利保护置于同样重要的位置。我国不仅强调数据安全和发展的双向促进关系，而且将数据开发对数据安全的促进置于优先位置。

当然，我所进行的这些分析并不一定全面，但在一定程度上可以看到个性化分析之于主体性的挑战以及需要进一步弥补的现行法律规制策略的不足。本篇论文将基于以下结论展开：(1)对信息保护价值与保护理念的反思与重塑。在数字时代，个人信息不再像过去一样只是一系列无涉价值的符号，而是蕴含了人的内在主体性价值。因此，当前对个人信息的保护应当注意到个人信息这一事物本身的价值属性的转变。同时，传统制度理念的防御性保护策略，是完全依靠事后救济和排他干扰的手段保护内在信息的，这在数字时代的个性化分析面前难以起到作用。在绝大多数情况下，我们难以知晓企业对我们“内在信息”的处理行为，即使知道也很难搜集到有效证据来维护信息安全乃至主体自由。在未来个人信息保护立法的调整中，应当强化政府在个人信息保护中的主动作用。(2)“公权力—私权利”二元划分的规范性重构。在数字时代，“技术权力”的膨胀已经成为一个不容忽视的重要现象，法律规范不能再固守传统的“公权力—私权利”二元划分方式，而应当从规范上承认社会权力的存在并对其加以规制。企业所掌握的经济性支配力、技术性支配力等社会权力应当被纳入法律调整范围。(3)构建个性化分析行为的场景化规制框架。与个性化分析相伴随的风险高低为纵轴，以对财产权益与人格尊严的追求程度为横轴，可以划分出个性化分析的不同场景。据此，我们不难发现过度追求财产权益和过度追求人格尊严都会面临高风险的问题。只有平衡好人格尊严与财产权益之间的关系，才能真正降低个性化分析行为的法律风险。这揭示出在对个性化分析行为进行法律规制时应当掌握好规制的标准与尺度。

本篇论文主要分为五个部分。第一，研究背景。第二，个性化分析所引致的主体性危机。个性化分析加剧了大数据时代的信息不平等。企业作为信息掌握者，借由个性化分析技术能轻易对个人施加影响，实现对个体的控制。个人信息已不再像过去一样仅仅是识别个体外在特征的符号了，人的内在特征的信息化扩展了个人信息的范畴，信息开始承载人的主体性价值。第三，由于个人信息保护理念存在局限性而引发的个性化分析规制的不足。当前法律对个性化分析行为的规制并没有观照数字时代的新变化，以回应数字时代愈发明显的技术权力失控问题。第四，数字时代个性化分析规制理念的转型。法律不应再无视垄断性的社会准权力的存在及其对人的主体性的异化和消解。第五，信息个性化分析的法律规制的制度限缩。

最后，我需要对本篇论文的研究立场做一个补充说明：之所以本文的研究对象是互联网上的私营企业，而不包括警察部门等公权力机关，是因为国家作为公权主体，其一切行动都必然受到法律的严格限制，这是不言自明的。本篇论文旨在突出互联网公司在部分时候展现出的准公权力主体的属性。“法无禁止即自由”这一逻辑，在当代已经不能当然地应用于各类具有强外部性效应的组织体，尽管这些组织体在传统理论中属于私权利主体。从中国的法律实践来看，当前的法律欠缺对准公权力的深刻认识，实践中也并未形成控制准公权力的统一逻辑。因此，我将研究的重点放在法律如何控制这类形式上是私权利主体，而实际上经常产生权力效应的准公权力这一问题上。

另外，在研究的内容侧重上，可以对从国家权力出发的研究和从组织体出发的研究进行一个简单的比较：控制国家权力的研究，其重点应放在具体的制度设计上，即制度如何保证对国家权力的控制是可以具备实效的。而针对控制社会组织体准权力的研究，其重点应当放在如何构建基本的理论逻辑上。作为一种处于公权力与私权利之间的中间形态，准权力在法律上尚未被加以确认，进而导致其在规范框架内的基本行动逻辑尚不明确。这就意味着，其研究侧重点必然要放在构建组织体行动的基本规范法则上。

谢谢各位老师，我的汇报完毕。

郑智航

非常感谢海玲的报告。研究个体识别还是研究识别的法律规制，这意味着是研究事实问题，还是研究规范性的问题。这是以后研究过程中一定要明确的主题。我们研究的是对事实的规范问题，而不是事实问题，否则就只是一个技术层面的研究，不是法学研究了。

下面有请与谈人青岛科技大学法学院副院长李鑫教授。

李鑫

很高兴山东大学法学院邀请我参加活动。我主要对晓斌和海玲的论文进行点评，前三篇由文章老师重点点评。经过这一阶段，我学习到非常多的知识，各位老师的观点对我触动非常大，我就讲四点。

第一，现在已经由传统的对信息的控制转向对信息流动的规制。之前是对个体信息的控制，而信息在大数据时代只有流动起来才有价值。当然信息不一定有价值，但这种流动是不可避免的。第二，对于规制方式或规制范式，无论是于霄老师还是其他老师都已经讲到了这一点。法律是一般性规制，应当在现有的规制模式下进行控制、进行规制。信息的强制披露是否完全标准化，算法和大数据的技术可否对信息披露进行个性化的法律规制，这就对长期以来法律要进行一般性控制这种认识提出了挑战。第三，立法论和司法论存在对立。对于新的技术场景，要坚持立法论还是司法论，这是一个重点。第四，新技术的出现对法律造成了冲击。法律能否承受这样的冲击，这是研究的第四个方面，保振已经进行了精细的梳理，我就不再赘述了。

基于此，我认为晓斌老师提出的平衡论视角，针对技术对法律的冲击进行本质的平衡，这是非常重要的。对于海玲博士的文章，我想问有没有考虑个人信息和隐私权的关系？是可识别的信息规制还是其他？个性化是在可识别意义上谈的，还是从一般意义上谈的？不同的技术场景下规制是否不一样？什么是可识别化？不同场景下规制的标准或信息识别有没有意义？这要区分出来。这是我几点不成熟的意见，请大家批评指正，谢谢。

郑智航

下面有请与谈人山东大学法学院助理研究员周文章。

周文章

各位老师好，感谢主办方给我一个可以在数字生活中学习的机会。我就谈谈今天下午的学习体会。

李鑫老师让我学习的三篇论文非常有趣，刚好形成了总分总的体系，深入浅出地呈现了数字法治的未来问题。一般研究的第一步是提出问题，在这一点上于霄老师向我们展现了未来数字法治到底有什么问题。这些问题既有总体结构，又有可以再往下分的细节。具体到主体问题上，自然人是不是数字人，人工智能能不能作为主体，数据三权分置怎么处理，如何处理数据保护和数据利用的关系，数据本身因何而有价值，在论述完这些内容后，于老师从法律原则层面提出了更多的问题，如意思自治、理性、平等、保护等。这些问题非常全面地涵盖了未来法治在民法上甚至民法外可能遇到的问题。

于老师告诉我如何发现问题，精武老师则告诉我发现具体问题的时候我们要如何研究。精武老师给我们呈现的是 AI 治理的状况。AI 治理是采用立法模式，还是利用当下的法律资源？他在前面部分向我们非常好地呈现了为什么专门立法是非必要的。因为这可能导致以技术规制立法，又陷入用立法规制技术的怪圈。精武老师很好地回答了为什么不应采用立法模式治理 AI。在解决立法论的情况下，如何给出一个好的处理方式？从某种意义上讲，更为灵活的处理方式是激活当下的立法资源。精武老师告诉我们一个合适的框架是什么样的。整个研究从否定到肯定，层层递进，非常值得学习。

保振老师的综述打开了我的思路。保振老师分别从法理论研究、法实践研究这两点向我们展现了当下数字法学研究进展到哪一步，如法理论中一般法的本体论、基本概念、基本范畴、基本规则、科技法律关系，以及实践法的运行、建设相关的规律、人才培养机制。并且保振老师向我们呈现了整个研究的不足，如制造泡沫、交叉研究等。他还提出我们正处于难得的历史发展机遇期，因此我们应该客观看待存在的问题，进行更多更好的研究来回应时代。

我的评议结束，谢谢大家！

郑智航

感谢文章老师谦恭的评议，其实文章老师长期从事数据法学研究，并致力于用数据方法研究法学问题。这和宋保振老师采用的是同样的方式。大家的演讲真的太精彩了，我们收获非常多。第一个方面，数字法学发展到今天，要使其更加法学化，才能避免或回应别人对数字法学泡沫化的认识。怎么回应泡沫化认识？那就是数字法学应当研究一些真问题。尽管数字法学往往和未来法治的概念相联系，但是未来法治一定是有边界的，而不仅仅是一种想象。

第二个方面，要想建立数字法学学科，必须形成一套概念、一套范式。按照库恩的说法，学科成熟的一个重要指标，就是有自己独特的范式。客观地说，当下的数字法学研究，更多的还在研究数字的法律认识或关于数字现象的认识，然后提出对策，并没有上升到具体范畴。于霄老师作了很好的范例，他对每一个基本概念都进行了检视，看看和传统有怎样的区别。法学理论研究也是这样，我们要考虑既有的概念和范畴能不能有效回应数字时代的需求，比如法律行为的理论、法律规范的理论。此外，现有的法律规范和传统的法律规范有很大的区别。过去我们思考行业标准到底是不是一个法律问题，在数字社会，一个行业标准可能具有很强的法律意义。例如，合规问题特别是数字合规问题会对整个法律运作产生影响。由于时间关系，我就说这些。

王静

尊敬的谢老师，各位专家学者，各位同仁，大家下午好。

非常感谢郑院长的邀请，我们青岛大学一行三人来这里学习。历史演进到伟大的时代，科技进步到了数字时代。法律人已经被卷到要比计算机专家更懂数据、更擅长数据和更专业于数据了。在这种情况下，我们每天都在忧虑着碳基生命、硅基生命。能够参与这场数字时代智能司法大研讨，对每一位来讲都是学术的提升，都是对生命的探究和对未来法治的畅想及憧憬。

我们隆重邀请本组讨论的第一位发言人，同济大学法学院副教授陈吉栋，他发言的题目是“个性化的法：知识考古与实践路径”。

陈吉栋

各位同仁，我原来想讲这个题目，听了各位专家的发言，有一些问题需要回应。我给大家简单汇报我的想法。第一个问题，数字法学是什么？谁也不知道，大家都在讨论。数字法学目前处于论题学阶段，我试图探索数字法学、人工智能法学的调整对象。有很多写法律科幻小说的人认为，数字法学的调整对象是机器人的人格。其实数字法学讨论的还是人怎么支配ChatGPT，在ChatGPT的应用过程当中形成了哪些新的人与人之间的关系。从论题学角度讨论人工智能的主体地位是可以的，但是人工智能法、数字法学的调整对象本身肯定不是机器人的人格。

数字法学有没有理论框架？这个理论框架值不值得讨论？毫无疑问，这是值得讨论的问题。但怎么观察理论框架？我一直在思考这个问题。实际上，任何一个人都没有上帝视角，每个人都带着自己的浅见讨论问题，我的浅见显然是民法学。这两年我一直在上海的立法活动当中学习。去年我参与了人工智能条例的拟订，其实部分反映了我们作为地方立法者的考虑和学者的考虑绝对不是一回事。立法的目的显然不是讨论机器人的人格或者虚无缥缈的问题，立法的目的很简单，就是促进产业发展的同时保障安全。在这个情况下，我们怎么讨论人工智能法的层级？我觉得有三个层级需要注意。

第一，人工智能法或者数字法的基本构造。我们应该有法律3.0思维。这是我今天的讲题里最重要的内容。传统的法律1.0其实就是现在的法律，它的特点是什么？是法律制定了一些规范，这些规范有规则、原则，继而发展出一整套解释方法。我们试图用这些抽象的形式化的规范调整不断变化着的社会事务。法律1.0技术上表现的是什么？表现的是典型化。法条太简单了，如不当得利等，规定了四个要件、一个法律效果，就是这么简单。从法律实现的角度看，整个立法基础就是典型化，试图从复杂多样的社会生活中典型化一些构成要件，然后赋予其一个法律效果。典型化手段在数字社会是否适用，这是宏观层面的数字法学要讨论的问题。这就需要我们考虑，数字时代的法学有什么特点？个性化的法、因人而异的法可不可以加以实践？这和我们讨论的计算法学有共通之处。法律 1.0 的主体是法学人，讨论的场景是司法机关、公检法、法庭。法律 2.0 是什么？法律本身就是社会秩序的一个力量。在上海市制定全国第一个数据条例的时候，立法者考虑的是产业需要发展，社会需要治理，而不是法庭有什么案件需要解决。这个时候讨论主体里多了政策制定者，讨论场景也不限于法庭了。到了法律 3.0 可能更不是这样了。举例来说，英国一个机场被紧急关停了两天，突然有一架无人机飞到机场上空，如何处理这一事件？最佳的处理方法是直接切断机场上空无人机的信号，不让无人机进入，这是最直截了当的，但是事实上要想彻底解决这一问题，必须立法。我们需要报告谁先发现了这一事件，是飞行员还是地勤？然后再报告机场，机场没有权利立法，然后再报告立法机关。社会整体应对风险的逻辑是这样的。然而，这不是数字社会的规则秩序。数字社会是以技术为基础的社会。数字法学由法律、技术以及合规这三个要素构成。

第二，数字法治的底层逻辑是风险及其规制。一块大石头放在悬崖上，我们认为它永久都有风险。这个风险可以被认知，可以被客观地评测。这与可信的人工智能、可信的数据流通、可信的数据交易同理。这就是我们把安全放在人工智能法核心原则位置的原因。人工智能议题最核心的就是安全。因为基本原则的建构是围绕风险展开的，风险又链接着安全、权益保护、信任，所以风险是人工智能法和数字法治的基础。“巨石疑案”提出了三个问题。风险是客观存在还是存在于认识过程中？风险本身是一种主观意识的活动还是客观存在？可以被评估和测量吗？这是认识论的问题。只有专家可以测量风险，只有经过成本效应分析之后，这样的方法才可靠，才可能大规模推进社会风险认知。

第三，现有的数据合规类似于皇帝的新衣，我们对数据本身并不了解。我们必须回到事物本质。考夫曼提出，根据事物本质发现规则，从而根据规则展开治理。法律事件的过程有三步：理念、规则、司法裁判。法律制定、理念产生、司法裁判，必须追问事物的意义是什么，法律理由是什么。如果不了解具体事物，那么法律理念本身不可能正确，规则也不可能科学，司法裁判就是错误的。我认为，法律规定的技术要求只能在司法实践中了解。今天参加这个会议，最大的感觉就是回到事物本质认识世界，我就说这些。

王静

感谢陈教授，法律 3.0 思维是人工智能司法的基本构造，风险认知和规制是数字法治的基本问题，只有坚持探究事物本质的思维才能做得更好。下一位发言人是中国政法大学法学院副教授郑玉双，他发言的题目是“法律与科技的价值互动”。

郑玉双

非常感谢智航院长的盛情邀请，这次会议为我们搭建了一个特别好的平台，让我们可以针对数字法治进行互动。

几位老师对数字法治、数字实践、数字法学等问题进行了很有价值的阐释。我研究法理学，也是数字法学的业余爱好者。限于学科视角，我只能从法理学的角度进行一些阐述。这个角度和几位老师的视角或许有所不同，但是能够形成一定程度的互补。这个互补在我看来是从民法、诉讼法等部门法角度关注的。例如，个人信息保护法所关注的议题背后有一些更深层次的难题需要回应，而这个回应可以从价值论的角度进行部分展开。

从法理学的角度看法律与科技之间的关系，无论是在制度的层面、实践的层面还是具体的司法层面，其背后必然都隐含有一个价值视角。但我们在进行数字法学的探索和数字法治的建构过程当中，却是更多地将价值视角放在一些预设上。而这些预设的基础作为研究前提并没有得到充分的反思和探究，乃至于在面对具体问题的时候就会遇到一些困境。如果回到法律和科技的价值关系问题上，就可能对此作出一些回应。这是我的一个反思。

对于法律和科技之间的关系，特别是回应科技对法律的挑战的时候，在我看来有几种可能。一种是很多学者所提出的科技重构法律基础，例如当数字法学出现的时候，他们认为科技重构了法律基础，所以对法律构成了真正意义上的挑战，如 ChatGPT 对法律的影响和挑战。另一种观点认为，科技创造出无法深入了解的技术运行的世界，改变了法律的运行方式，包括法律的规范、法律规则的模式。第二种观点相对比较保守，认为科技对法律造成了冲击，但是在既有的法律框架下可以解决这些问题。这涉及法律规范的完善或确定法律背后的价值从而加以回应的问题。这是旧的问题，没有造成新的挑战。

法律和科技的关系呈现出不同的形式，在我看来可以总结为以下几种。一种是冲击和回应模型。它指的是科技对法律造成了冲击、带来了挑战，法律对它进行回应，哪里缺就在哪里补，哪里出现问题就在哪里进行立法。这是传统的做法，如针对网约车的问题就是这样做的。如果我们不了解新技术的发展和形态，就无法作出有效的回应。另外两种分别是内部的教义学模式和外部的教义学模式。传统的社科法学和教义法学一直有争论。现在这个争论的战场转向了科技领域。在新型科技领域，社科法学和教义法学各有各的优势，并且也各有各的局限。我们在理解和回应科技对法律的挑战时，会依赖传统法理学方法论的框架和模式。例如，教义学认为这就是规范完善和对规范解读的问题；社科法学则认为这是社会对法律提出的挑战，需要通过社会科学意义上的外部调整予以积极有效的回应。

在我看来，法律和科技是两种不同的实践形态，法律是规范性的价值实践，科技是通过计算所带来的一种社会创造的模式。这两个范畴是不同的，它们之间当然存在互动。我们理解互动的时候，由于采取的视角不同，而产生了不同的理解。整体来看，既有的理解在价值论角度仍未充分揭示两者之间的价值关系。而这个价值问题包含两个方面：一是科技如何触动传统法律的世界，二是法律如何从价值的角度针对科技挑战进行回应。例如，算法黑箱、ChatGPT 大模型带来的不可控的风险从价值的角度如何理解。很显然，我们作出的回应是不够的。在以下三个方面有很大的提升空间：一是法律和科技都包含着特定的价值。我们还未充分揭示法律与科技各自的价值面向，或者我们只理解了价值的表面，但没有触及价值的根部。二是法律的价值本身。法律的价值是复杂的，充满价值冲突的法律在科技的挑战面前如何作出回应和调整？这是不确定的。我们只有很多的假定或预设。三是当科技对法律构成挑战的时候，我们是从价值中立的角度，还是从更为开放的角度认为科技的确对法律的价值构成了根本性重构或颠覆呢？

如果我们更深入地理解这个问题，那么可以发现，科技对法律价值的挑战呈现出不同的维度。一是科技带来的价值存在形态的改变。例如权利内涵的改变，即传统意义的财产权、知识产权的内涵发生的改变。二是法律实现价值的方式的改变。在传统的程序正义中，我们通过设定程序，使人按照程序操作、实践而实现程序正义。但是算法介入特别是智慧司法出现后，就改变了法律实现价值的方式。三是在传统法治基础上提出一种新的法治形态，即数字法治。这就意味着存在一种数字意义上的法律运行的模式和法律运行的理想。但是在我看来，这几个维度还没有回应根本性的问题。原因在于，在法律和价值进行互动的过程中，法律的价值所追求的权利、程序正义是线性的。而面对科技对法律造成的挑战时，法律从价值角度回应还是依附性的。科技可能消解了法律的价值，我们只是服从科技的发展。科技提出新的问题，法律就进行新的调整。随着科技转型的升级，法律层次可能越来越丰富。

对此，我想写一篇论文，但是还没有成型，初步的想法包含三个方面。一是应该构建一种理解法律和科技的价值关系的整体性方式。这种整体性方式不仅要考虑单一的价值，还需要考虑风险。但我认为风险角度仍存在不足，因为既然科技对法律运行的整体的价值世界造成了冲击，我们就需要以一种整体的方式进行回应。

二是在法律价值和科技价值的互动中，不只是科技影响法律，法律也需要对科技进行回应。例如，在实现程序正义的过程中，两者之间可以进行再造和程序空间的切换。简单来说，在法律和科技的互动关系当中，我们所追求的价值可能呈现出新的不同的面向和内涵，而这种内涵不应简单归结为面向法律或面向科技。我们应当综合考虑法律和科技这两种不同的实践形态各自的一些特点。

三是应该确立一个理解法律和技术实践关系的稳定框架，特别是立法、监管等。我们要从整体上理解数字技术对社会实践所造成的改变。法律嵌入改变的过程中，两者之间形成了深层互动。我们需要一个稳定的、整体的、可靠的框架来理解这种互动。

我的报告就到这里，谢谢大家！

王静

感谢郑老师。科技发展给法律带来了挑战和无限的探究空间。我认为传统法治向数字法治的转型给了我们研究人员无穷的灵感,谢谢。下一位发言人是深圳大学法学院副院长宋旭光,他发言的题目是“科技发展对法律与法学的影响”。

宋旭光

非常高兴在故乡山东作这次报告。我讲的题目也是我一个课题的内容。科技创新必然对法学的领地造成一定的侵蚀,许多学者已经探讨过这一问题。拉德布鲁赫曾经说:“每一个时代都必须重塑法学。”当代法学究竟是什么样的?科技发展可能对法律造成什么样的影响?比如,人工智能对法学产生的影响就包括可能改变生活的本旨,颠覆人的认识。今天与会的大部分专家都讨论过这些问题。

科技发展可能改变法律内容、法律功能。例如,工业革命带来了很多法律内容的变化,包括无过失责任的产生、法律权威性的瓦解等。如果法律的权威性丧失了,法律便不重要了。这可能导致法律的整体消亡或是法律的衰退,至少在部分领域可能会产生这样的效果。

但科技发展对我们构成更现实的威胁是,它可能解构传统的概念体系和概念观,解构人的主体性从而威胁人在社会中的地位。这将导致社会价值和法律价值的扭曲。这种扭曲体现在各个方面。事实上,不仅现代的新技术会造成扭曲,自从有了技术,人类就在发生变化了。法学教育就像流水线作业,人们都在一个生产线上劳动。昨天,我看了一篇分析法学教育现状的文章。文章提出,法学院能力低的人减少了,但是出类拔萃的人也减少了。这是生产线作业出现后产生的现象。每一个法学教育者都应该分析这样的问题,如果未来人工智能发展到一定程度,或者其他技术发展到一定程度,那么我们每一个人都可能走向趋同化。

科学技术消解了法律的规范性,使法律变得不太重要了。科学技术的发展可能进一步侵蚀法律学科的自主性,甚至使法律学科失去自主性,将它变成其他学科的一个领地。例如,一些专业术语入侵法学领域,这对法律人其实并不友好。科学技术对法学范式也会产生影响，例如法学研究的范式、法律服务的范式、司法服务的范式等。

一般来说，法学、法律人相对保守。尤其是法教义学，具有某种程度的封闭性，法律人遵守规则，不太强调创新性，这使得官方对法律人工智能快速推进的效果并不好。西方对此也充满了警惕。法学院的课程表无论怎么变，交叉学科依然很难被学生们接受。因为即使不具备任何跨学科的知识，依然可以成为一名出色的法律人。毕竟，学习这些跨学科知识未必会使法律人更优秀。

以法教义学为例，法教义学在历史上面临过类似于今天的巨大挑战。现在很多人批评法教义学未能应对科技变化带来的新发展，而社科法学的研究范式更有利于学术的延伸和挺进。

事实上，从历史的角度讲，法教义学从来都不是一成不变的。尽管它有自己固有的领地、学科范式以及学科机制，但它一直要面对社会的变化。例如，17～18世纪之后面对科学主义思潮，法教义学也强调法学的评价性。我最近在翻译《法律与正义》，这本书的作者就试图把法教义学改造成经验的学科。这不是规范性命题，而是社会事实。这样的研究在罗尔斯看来依然是法教义学研究，但这与今天学者们理解的法教义学研究是截然不同的。法教义学在当代有一些新的发展，比如功能的扩张，法教义学除了规范的识别、体系化以外，还注重为个案解决提供方案。这将不可避免地使法教义学接入外部知识。法教义学的方法论也开始出现一些创新，封闭式概念被打破，演绎逻辑和体系不再是法教义学方法的唯一选项。很多研究证实了这些内容。

法学如何应对新科技革命的挑战？学者们有很多不同的看法。第一种学者欢迎新法学的诞生。这些学者大都具有某种程度的实证研究背景。他们强调实证研究，例如对数据的实证分析、大数据分析与法学的结合。他们试图塑造诸如数据法之类的新法学。这一定是一个颠覆性的、不同于以往的、具有一个崭新的范式的想法。这可能对法教义学、民法、刑法造成更大的挑战，甚至有可能使它们被新法学取代。第二种学者持中立的观点，认为这种变化有可能产生，但我们应该保持警惕，思考以什么样的价值观引导变化。如果这种新法学的诞生可能影响人类的理性或生存，我们是否还要张开双臂欢迎新法学，并引导它进一步发展呢？第三种学者是比较冷静的批判者，其中刘艳红老师是典型代表。她写过很多文章，她最初认为人工智能是一种玄学，但如今逐步变得越来越现实，因为这种玄学越来越部分地走向现实。第四种是我的老师这样的学者。他认为，法教义学能够通过自己的内控机制把所有的挑战都化解掉，法教义学是一个法学编织的网，可以将外部知识塞进法律体系当中。外部的世界，如社会学、经济学、信息技术等各种学科，它们通过竞争为法学输送知识，而我们是知识的吸收者。当然，在这个过程当中，法律人应当部分读懂其他学科的术语，并将其转化为法学术语。

总之，未来具有无限可能。现在我们预测任何一种可能性，事实上都充满了不自知，充满了狂妄。但是现实的发展有可能会沿着某一个方向前进。学术界主要提供了一种想象的可能，这也是一种贡献，谢谢大家！

王静

科技对法律和法学的影响，新法学的诞生，让我们意识到卓越法治人才更加稀缺，感谢宋老师。下一位发言人是北京交通大学法学院副教授裴洪辉，他发言的题目是“紧急状态理论基础的反思与重构”。

裴洪辉

很高兴来山大参加活动。谈到数字法学，很关键的就是风险，无论风险强度有多高，我们仍然在常态下规制。数字法学的发展已经成为一种常态，但依然存在法律无法涉足的边缘地带。这是我的题目与数字法学的一点关联。

论文的问题意识来自紧急状态，特别是疫情。紧急状态与个人权利之间存在很大的张力，因为强调法律对权利的理性控制，可能导致灵活运用权力来解决问题的能力快速下降。问题的关键在于，紧急状态下，应当规范控制还是最大化发挥权力的作用从而解决问题。从法哲学角度来说，基本法不承认例外状态，这是一种极端的规范性立场。这虽然不是法律人秉持的立场，但它揭示了预设的前提。一种前见本身就是一种观念性前提。例如，我们恐惧政治，因为西方启蒙运动以来，人对权力的印象就是恐惧。另一种前见是宪法学与政治哲学中所讲的主权，但法学中基本上不存在“主权”这一概念，因为法律一般对主权作非人格化处理。强调法律而非主权，就意味着取消或“阉割”人格的主权，因为人占据最高位置是一件可怕的事情。我们秉持的是一种自由主义法治观。

这种认识背后有一个更深的预设，即人的机械主义世界观。我们认为，人对社会的控制可以像自然规律、自然科学对自然物的控制一样，能够对其予以彻底控制。一个关键的隐喻就是机器，通过法律规则，它可以将政治纳入可见的空间，从而使其可观察、可预估、可评估。这其实是我们在法治理论背后的预设。我们恐惧权力，认为需要取消最高权力，同时又认为我们通过规则可以掌控世界。

这样处理紧急状态下的权力，采取的是一种规范性的立场，紧急状态下的权力也应该受到严格的控制。这促使我们思考：法律是什么？法律就是自然或社会事物的规范化，而且必须是严格规范化的。这种立场试图将一切政治现象纳入规范系统。它与以人权为基础的价值立场结合在一起，就构成了法律人关于基本权利的想象。如果严格控制权力，最终我们就会没有办法让权力灵活运用从而结束危机。此时，我们需要考虑第二个理论立场，即政治存在。道理很简单，徒法不足以自行。我们无法预知未来，未来是偶发的，面对未来危机时规范性立场存在很大的局限性。人类历史的经验表明，我们往往是利用权力而不是利用规则作出最有效的回应。规则是进入常态之后才产生的。施米特反对规范性立场，他认为，例外状态就是暴力状态，而规范状态是规范、秩序的。但是施米特将法治概念扩大了，一个是规范要素，一个是法学要素。首要的是规范状态，任何法律现象的判断既包含法律也包含人格性决断。比如，法官在决策的时候，首先要做的就是依法决策，这是一种规范状态下的决断。无政府状态是无规范、无决断的混乱状态。例外状态是有决断、无规范。真正的例外状态的权力运作逻辑是独裁，为了解决问题，通过高度纯粹的权力来处理决断所有的问题。这是施米特的理论。[①]

简单来讲，存在优先于规范。将政治界定为法律的基础，而不是紧急状

① 参见[德]施米特：《政治的概念》，刘宗坤等译，上海人民出版社 2004 年版。

态下权力的运行，是一种合法的法运行，因为法里面包含决断。

事实上，前面两个理论构成了两个大谱系的两端。波斯纳、格罗斯、德沃金等学者的研究表明，两端是绝对性的例外，构成了从薄到厚的完整谱系。他们的观点在一定程度上嵌入了这两个最重要的要素。这两个要素在每一个领域里都有所呈现。但我认为构成大理论谱系的理论存在一个问题，即他们预设了一个重要的理论立场，就是极限思维。施米特认为存在一种无规范的决断，此时极限思维存在问题。我们认为在生活实践当中总是同时存在规范和决断，没有一个纯粹独立存在的空间。

另外，就是常态和例外的二元对立。如果例外状态预示了例外和常态，那么社会是例外还是常态？这是一个演变的过程。比如，我们谈数字法学理念，陈老师的底层逻辑是风险，我们认为风险是不确定的，但我们用法律规制不确定的风险。风险强到一定程度时，不再用法律规制，因为法律无法有效规制风险。此时需要引入另一个视角，即从极限思维到程度思维的转换。本雅明的动态哲学认为，世界就是具有程度性、线性、渐变性的，我们作出的所有区分都是主观的概念区分，世界本身是连续的，人从小到大是一个连续的过程。我认为，从紧急状态里可以看到什么是紧急状态，什么是常态，不存在极限的二元对立的区分，只存在从－1到0再到1的渐变区分。用规则、法律规制权力并不完全有效，因为事实是重复的，法律是一刀切的，我们无法严格区分什么是常态、什么是紧急状态。

我们也不能用合规性逻辑来认识紧急状态，而是应该根据常规性和紧急性的比例随时作出调整，这是一种持续调整。所以政治权力要持续地调整，要持续地发生作用，这是权力本身的政治责任。

现实世界中可以看到一种程度理论，例如，从软法到硬法的持续结晶化到再结晶化的过程，软法到一定程度成为硬法，再慢慢变成软法，直至消失。政治行动慢慢成为一种软法，软法很稳定的时候就成为硬法，这是一个循环。程度性视角揭示了机械思维存在的不足。似乎权力自己决定自己在什么时候做什么，没有办法规制，但法律人可以用制度规制。然而，我们需要认识到现实中最重要的不是制度发挥作用，而是政治审慎。关于政治审慎，有一个哲学传统。在多变的情境中，最终是主观的审慎作为一种关键性力量主导着政治家，使其在面对事实的时候作出正确的决策。从法律人的角度来说，我们认为制度优于观念，但现实中看到更多的是观念优于制度。在这个意义上，可能需要引入“德性”的概念，使其在权力控制中起到更重要的作用，而不是简单地将制度完全锁定。

我就简单介绍这些，谢谢大家！

王静

感谢！所有的规制不应依赖于制度规制、政治规制。我今天感受到了制度规制和政治规制的审慎。虽然表面上看这个题目不符合数字和智能司法的主题，但是我觉得所有的规制、所有紧急状态下的立场和挑战，其实都是我们法律人在研究社会新兴问题时的一种思维模式，再次感谢。

下一位发言人是山东大学法学院助理研究员傅爱竹，他发言的题目是“数字新兴议题专门立法热的冷思考”。

傅爱竹

这篇论文之前在学院内部已经报告过一次，许多老师提出了非常中肯的意见。在新法学青年论坛上，于霄老师对论文又作了点评。两次之后，我对这个论文进行了比较大的修改。今天在这里再跟各位老师汇报，希望得到更多的批评和建议。

论文问题意识源于伊斯特布鲁克法官的“马法之问”。[①] 我们评阅学生论文时发现，社会一旦出现一些新问题，他们可能就会产生一种专门立法的冲动。对于这样的论文，我们通常不会给予比较高的评价。原因在于，解决一个问题如果可以不运用专门立法，而是可以通过修法或其他方式解决，那么就不应当专门立法。然而，进入数字时代后，这个常识似乎被颠覆了。我们看到各种各样的专门立法。“两会”期间，许多人大代表提出要为不同的事项专门立法，例如为 ChatGPT 专门立法。这一现象引起了我的思考。这个思考与精武老师的思考可能有一定的同质性。但区别在于，他关注的问

① 1996 年，在芝加哥大学网络法研讨会上，法官伊斯特布鲁克(Frank Easterbrook) 以“马法非法”做比喻，批评网络法只是“赛博空间中潜在纷争诉诸传统基础部门法规则的胡拼乱凑”。See Frank Easterbrook, “Cyberspace and the Law of the Horse”, *University of Chicago Legal Forum*, Vol. 1(1996), pp.207-216.

题更为微观，我关注的则更为一般。这些专门立法是必要的吗？数字时代颠覆了以往的常识了吗？还是现在的做法存在问题？针对这些问题，我写了这篇论文。这篇论文的研究思路与前人的研究存在一些区别。传统上，探讨这个问题的主要方式是比较新兴的议题与现有法律调整的问题究竟有什么区别，例如网络空间和现实空间有什么区别。但是这个思路存在一些缺陷：两类事物的新与旧究竟同质到何种程度，我们才不需要专门立法；异质到何种程度，才需要专门立法。学者们往往忽略了对这个问题的反思。这篇论文的主要目的就是建立一个系统性的评估框架，区分法律应对各种新兴议题的方式有哪些，并明确这些不同的应对方式的优先顺序。

论文第一部分梳理了目前国内各个领域新兴议题的应对策略。总体来看，在民生、应急领域，民法、经济法、劳动法等极易引发专门立法热。行政法领域也有这样的特点。相对来说，刑法领域较为温和。那么，呼吁专门立法的理由究竟是什么？论文将其归纳为四类：一是现行法律规范的效力层级太低；二是现行法律规范之间缺少衔接甚至相互冲突；三是现有法律规范属于促进型立法，内容比较模糊，缺乏操作性；四是现有的法律规范内容滞后，实践效果不佳，甚至会阻碍实践的发展。这四类理由似乎有一定的道理，但仔细甄别后会发现，这些理由过于泛泛。事实上，这些理由也可以支持其他法治化路径，例如修法、合并立法同样可以基于这些理由。因此，难以通过这些理由证立特质法治化路径的必要性。

论文第二部分，在这样的情况下，学者们为什么仍呼吁专门立法？至少有两方面深层次的原因。一方面是技术风险焦虑症，数字技术是一把双刃剑，它给人类带来了福祉，也带来了风险。在风险社会当中，基本的逻辑定式是一旦出现风险就必须进行规制。在各种规制手段当中，法律当然是第一位的。由于新的技术风险存在不可预知性，所以似乎需要采取更多的手段。另一方面是社会工程学思维。立法者就像社会工程师。汽车工程师可以设计出防碰撞的各种主动或被动安全装置，立法者是否也可以专门立法，从而完全解决数字技术时代的各种风险？在我看来，两个深层原因共同促成了现有的专门立法热背后的基本逻辑。这两个基本逻辑或是过于焦虑，或是过于自负。如果以这样的逻辑作为指导思想，无疑会出现专门立法的泛化。我认为，应该转变基本的指导思想，我选取了波普尔的零星的社会工程理论，即我们迈步应该细碎一些而不是大踏步前进。[①]

论文第三、四部分搭建了评估框架。它由一系列基础规则和例外规则组成。第三部分探讨基础规则。在基础规则部分，首先要解决的问题就是新兴议题是否有必要法治化。以往研究的角度主要是裁判、法律适用的问题，但现在我们需要从立法的角度切入，提出一个区分标准。论文提出了两个标准，可以概括为“应该管”和“管得了”。这两个标准可以评判现有的一些议题是否有必要为其专门立法。例如，针对元宇宙、网络暴力，有没有必要为其专门立法。明确这一点之后，如果一个新兴议题确定要法治化，那么就需要进一步思考如何法治化、有什么路径。大致来说，有三大基本路径：释法、修法、立新法。例如，释法可以分为国家机关的有权解释与地方政府根据上位法出台的实施细则，以及法律人、法律学者提出的法律教义或个案解释；修法可依据修改幅度划分为修正和修订；立新法可依据围绕特定议题打造的专门立法和具有相关性与同质性的议题合并在一部法律当中的合并立法。根据“零星的社会工程”这一指导思想，我们要重点考虑三方面的因素：成本、风险、预期的稳定性。基于这三方面的考虑，大致可以形成一个优先顺位。这个优先顺位不是绝对的，而是推定的。在满足特定条件的情况下，可以推翻优先顺位，选择原本顺位在后的法治化路径。那么，满足什么样的条件才可以推翻优先顺位呢？

这是第四部分探讨的例外规则。第一，什么情况下可以舍弃释法？第二，什么条件下可以舍弃修法而转向立新法？第三，什么情况下可以舍弃专门立法而转向合并立法？这些条件是从以往法治实践当中总结归纳出来的，每一个条件都配有专门的实例加以佐证。

经过总结归纳，就形成了一系列基础规则和例外规则的评估框架。今后遇到所有的数字新兴议题，就无须采取以往做法，即比较其与现有法律规则相同点与不同点有多少了，而是在框架内找寻最适宜的法治化路径即可。

总体来说，论文的结论是，并非我们的常识被颠覆了，而是数字时代的专门立法需求被严重夸大了。很多立法都有鼓吹“马法之问”的嫌疑。论文

① 参见［英］卡尔·波普尔：《开放社会及其敌人》第1卷，陆衡等译，中国社会科学出版社1999年版。

还有其他实践与理论上的指向。评估框架虽然是就数字新兴议题提出来的，但其具有一定的一般性。数字新兴议题以外的其他议题也可以依照这一评估框架确定法治化路径。这对于科学制定立法规划、节约立法资源有一定的借鉴意义。从理论上讲，我希望可以在一定程度上扭转现有研究重实质轻形式的倾向，毕竟这关系到风险、成本、预期的稳定性。

我的报告大致就是这些内容，谢谢各位老师。

王静

感谢。目前学者普遍认为，人类区别于机器人最本质的特征之一就是人类有情感和情绪。当前，我们需要对新兴问题进行冷思考，从基础原则、例外原则等各方面、深层次对这种现象和现状进行思考。这是难能可贵的，感谢傅老师。

下一位发言人是山东大学法学院博士研究生曹永海，他发言的题目是“数字时代庭审互动模式的挑战与可能”。

曹永海

各位老师，大家下午好！

很荣幸通过这个平台向各位老师学习。我汇报的题目是“数字时代庭审互动模式的挑战与可能”。

推动数字技术在诉讼审判中的应用，对提升司法效率、推进智慧法院建设，实现审判体系与审判能力的现代化都有着重要的理论价值和现实意义。庭审互动是诉讼审判互动的核心内容，必须保障其规范有序进行。我通过下面四部分进行简要介绍。

第一部分是问题缘起。数字技术对人类社会最深刻的影响在于，它改变了人的沟通方式，进而改变了以物理世界为基础的社会互动模式。这种影响在司法领域主要表现在以庭审为代表的司法审判活动当中。从庭审的程序与形式来看，庭审程序的稳定有益于树立和维系司法权威。从庭审的实质和内容来看，高质量对话是法官把握案件的基础，是保障当事人诉讼权益的基本方式。随着数字技术在司法领域的不断适用，司法审判的数字化展现出诱人的前景。然而，司法实践也暴露出诸多弊端。因此，重新审视庭审模式，对其固有的风险及其理论成因进行探究，是推进在线诉讼发展，实现在线诉讼价值，探索数字技术在司法领域有效适用的基础。

第二部分是对传统诉讼中庭审互动基本模式的探讨。我国庭审表现为法庭居中的三角结构。庭审互动以三方为互动主体，以一定的庭审程序作为互动规范，通过查明事实而展开。传统模式包括以下三项内容。第一，直接接触是法官查明案件的基本方式。法官作为裁判者，基于庭审互动所提供的信息，逐步形成对案件事实的认识，梳理诉讼双方的矛盾和争议，不断修正自己对于案件事实和矛盾的认识偏差，尽可能把握案件的客观事实与实际争议的焦点。第二，身体在场是主要的保障途径，审判结果也更容易被当事人接受。第三，场域控制是保障司法公正的重要形式。规范的庭审秩序是庭审程序有效进行的前提。庭审秩序是司法正义的表征。庭审作为司法审判的重要内容，稳定有序的庭审互动也是司法权威实现的基础。

第三部分对在线庭审中法庭互动模式的改变进行了讨论。随着数字技术的应用，传统法庭互动模式发生了改变。基于数字技术展开的庭审活动改变了原有的交互场域，从而改变了庭审中互动信息的传播媒介，进而对整个庭审活动产生影响。首先，在线庭审容易“雾化”庭审事实。在虚拟世界中进行的所有庭审活动都难以实现传统线下诉讼所能够达到的信息传递效果。这使得厘清事实、认知纠偏、梳理争议焦点的难度加大。其次，在线诉讼中的互动容易虚化两造权益。程序权益尤其容易被忽视，而且难以实现两造对庭审信息的全面接受和合理认识。最后，在线审理容易弱化法庭权威，法官对庭审的控制力被削弱。由于缺少传统线下的诉讼形式要件，庭审的形式价值难以得到保障。

第四部分对在线诉讼中法庭互动模式的畸变理论作了探究。在线庭审互动模式表现出的诸多不足，不应全然归于技术本身，更不应该否定对技术应用的进一步探索。当前，在线庭审互动模式只不过是以信息技术为工具，以虚拟现实的庭审环境为空间，其实质仍然沿用了传统的庭审互动模式。

就其表现形式而言，在线庭审是介于书面和开庭之间的庭审。无论是在线庭审互动还是线下庭审互动，都是出于保障案件的质量、实现司法公正、维护司法权威等一系列价值目的而展开的。唯一的变化是工具。从根本来讲，在线庭审互动的系列问题，是由司法审判对新工具使用过程当中实践经验过少、认识不全面、新旧工具融合性不足所导致的。因此,明晰在线互动的理论特质,分析技术工具本身的特性,有利于司法审判对该模式的定位和应用。

一是在线互动与传统诉讼理论不相容。理论上来看,在线庭审的互动模式具有场域扩大化和虚拟化、信息数字化、质证书面化三个特征。传统诉讼理论原则中,直接原则、言词原则、集中公开审理原则等与这三个特征之间存在明显的张力。

二是人机交互对参与者的认知造成干涉。互动过程中人的认知的形成不仅依赖言语交互,而且也需要借助他人的行为、表情等非互动信息。互动信息和互动情景对于互动认知的形成都具有重要的作用。

三是虚拟场域重塑庭审诉讼关系。信息传播环境与传播媒介的改变重塑法官形象、司法形象以及两造形象,从而影响受众的感知。剧场效应的淡化,最终造成在线诉讼中互动关系的弱化。

四是在线诉讼对于提高司法效率、革新司法理论、促进司法便民具有重要价值。但是在线诉讼中庭审互动模式的改变,给审判公正带来的负面影响不容小觑。一方面,可以构建以现实法庭为基础的庭审互动。以传统法院为场所依托,建设规范的在线庭审实体场所,从而实现各方身心在场,以标准化方式传播司法文化与司法权威。另一方面,可以构建以案件情况为标准的分案准则,降低数字化互动本身固有的虚拟属性给案件带来的负面影响。基于证据数字化固有的特质,根据案件的重要性、复杂性以及证据保存、运输的难易程度等,判断案件是否适用在线诉讼模式。

以上就是我的汇报,还请各位老师和同学批评指正,谢谢。

王静

感谢。当下,很多诉讼案件的审理不能简单地理解为线上线下相结合或者互为补充。线上开庭的民事案件普遍存在。听了曹博士的汇报之后,有两个思考:一是数字时代传统庭审和在线庭审有什么本质区别?二是对互动模式的强调和研究,最终的落脚点是否在于追求司法的公平正义?

下面进入评议阶段。有请与谈人青岛大学法学院院长助理、副教授许庆永。

许庆永

感谢山东大学法学院。我不作评议，只分享一些想法。

陈老师讲了个性化的法以及知识考古及实践路径，从法律的三个层级为我们提出了以风险为根基的立法考量，追溯到了数据的本质，同时对法治化进程的转向具有启发意义。原先的法律是从国外移植而来的，数字时代有很多元素是本土的，立法需要回归内生，自下而上转向。这是一种思考。

玉双老师和旭光老师从法律与科技互动的角度展开，探讨了法律影响科技还是科技影响法律。玉双老师讲到法律与科技的特有价值。科技发展过程中，法律的价值是否应该变化？是否影响了法律的价值？这是值得思考的。旭光老师提到科技创新对法律的影响，造成社会逐步趋同化，包括法学研究的趋同化。这也是一个值得深思的问题。

洪辉老师探讨了紧急状态下公权力规制的问题，提出了程序性理论。我认为，国家治理必须考虑价值导向这一问题。是依据法治的规则导向还是追求结果的导向，这是两种导向选择。疫情中体现为自由与秩序。国家以秩序为价值导向，我们的人身自由处于控制之下。此时，秩序是第一位的，但美国可能以自由为主导。然而，这不是绝对的，自由也不是无秩序的自由，并且秩序也不是限制人自由的秩序，而是可以在互动中找到平衡点的。

爱竹探讨了数字新兴议题专门立法热的问题。很多学术论文提倡加强立法，就像病人去医院看病，不管怎么样，就是强调多喝热水，感冒了喝热水，感染新冠病毒喝热水。对于立法，不管怎么样，就是要加强。这是值得我们思考的问题。爱竹从是否应该立法的角度出发，进行了深入浅出的研究，提出以优先顺位进行排序的理论。

最后是永海的发言，他探讨了数字时代庭审互动模式的挑战与可能。在线纠纷解决模式的出现，必然需要一种新的规则。回到洪辉老师讲的法治紧急状态这一问题，跨国交流已经成为常态。我们研究的法治是主权之下的法治，如日本的法治、中国的法治。然而，跨国纠纷的出现突破了主权。例如，美国和中国之间的贸易出现纠纷后，我们如何面对？这其实引发了法治与主权的新议题。

这是我的浅薄之见，请各位老师批评指正，谢谢大家！

王静

感谢许老师，下面有请青岛科技大学法学院副教授綦磊点评。

綦磊

谢谢山大法学院。我的点评分为两个层次，一是法学理论，二是法学教育。就法学理论来说，我的研究领域是土地法学，对数字法学并不了解。但是就法学教育来说，有一些想法与大家分享。青岛大学法学院有第二学士学位的招生资格，我们希望用第二学士学位招生资格来培养数字法学人才。老师们围绕数字法学的问题展开讨论，如数字法学的理论基础、价值体系、研究对象等，我与各位老师的发言主题不同。

陈教授的论文提出采用本质论透视问题，我对此深有感触。法学教育不应按照热门话题设置课程。因为热门的领域不断兴起，这意味着有设不完的课程。但数字安全问题为我们设立课程提供了另一个思路和逻辑主线。

郑教授对科技是否重构法律基础的设问，直接应对了我们的问题。除了民法、宪法、刑法等直接奠定了学科理论基础的学科，其他的部门法课程要不要开设？

宋教授关于法律思维的概念和自主性的方法解释，可以直接用作改善科技法律人才的教学方法。我们需要思考法律人才的培养是否可以采用以课堂讲授为主的方式。

曹博士的论文直接回应了法学教育问题。全国都在建虚拟仿真实验室，我们必须思考上百万元投资的实验室要不要建？动辄几十万元一套的软件要不要买？建成以后对法律人才的培养能否产生实效？我就讲这些，谢谢。

王静

感谢。下面有请山东大学法学院助理研究员崔寒玉进行点评。

崔寒玉

我是数字法学的初学者，甚至是一个“门外汉”。今天各位老师的高见，给了我全新的认识。接下来谈谈我的几点感想。

一是数字法学的产生是法学发展的必然趋势。法律人总是信仰有序，在面对无知或者无序状态的时候，总是希望通过规制的方式把无序变成可控。现在出现的数字法学方面的风险规制、紧急状态常态化，都引起了法学家的无序焦虑症。陈吉栋老师认为，数字法学还处于论题学状态，研究对象还不清晰。

二是数字法学应该采用什么样的研究方法？研究方法如何决定数字法学未来的发展趋势？面对数字技术，我们要先学习技术再研究法学，还是直接从根源上反思法律和科技之间的关系？能否建立数字法学的理论基础？郑玉双老师和宋旭光老师都探讨了相应的问题。

从更宏观的层面思考，法学如何回应新事物？法学作为一门学科是需要回应新事物的，面对新事物不可能视而不见。但是我们要警惕，其中的概念是否被混淆？数字法学是一种什么概念？现在出现了很多新兴名词，如网络上流行的“松弛感”。一个人要想活得自由自在，就需要松弛感，但是松弛感是一种什么状态？如果一个概念很主观，没有办法定义，那么我们首先要明确的是：它是不是一个新概念，能否归纳出具体的特征。这样才能决定是否需要花费一定的成本来规制相应的问题。人工智能、数据、元宇宙、ChatGPT 中探讨的问题是否可以归结为一个问题？如果是一个新问题，新在哪里？数字法学到底回应的是什么问题？我觉得傅爱竹的论文是从这些角度思考的。

最后一个问题，面对数字技术和风险规制，法律构造是怎样的？今天的探讨非常多元，从各个学科、各个领域、各个方向，从基本的法理、立法理论、司法路径上都作了探讨。今天的探讨可能是数字法学的一小步，但数字法学未来的发展则是“路漫漫其修远兮”。作为年轻老师，我们也要努力，为未来数字法学的建设贡献自己的力量。我就说这些，谢谢。

王静

谢谢。郑老师为了表彰我对于这个阶段的贡献，特许我隆重地邀请谢老师为我们作会议总结。谢老师一直站在制高点上引领我们探求公平、正义、效率。今天特别荣幸能请到谢老师参会和点评，感谢谢老师！有请！

谢鹏程

很高兴参加这个活动。

傅爱竹邀请我参加这个会议的时候，我比较犹豫，因为我没有成果，参加会议有点胆怯。我参会的目的是了解数字法学前沿问题，通过这个会议可以在最短时间内掌握。这是一个很好的途径，感谢你邀请我。

我最近在关注一个问题——法学三大体系建设。数字法学能给体系建设提供什么样的条件？什么样的机遇？这是我思考的具体问题。参加会议后，确实有所收获，我想谈三个基本的感想。

第一，人类的发展主要是通过用科学技术改进生产生活的工具来提升自己的能力，把人类自己从传统劳动中解放出来。这是人类发展的一个基本规律，或是一条基本道路。所有的科技进步都只不过是创造、改进了一种工具，把人从传统劳动中解放出来而已。当机器出现的时候人类也在恐慌，机器好像吃人了。英国工业革命的时候机器出现了，似乎人就没有活干了。ChatGPT 出来后，大部分人好像变成"垃圾"了，只有少部分人变成精英了。每当发生技术革命的时候都有这样的担忧。但是冷静来看，任何技术进步都没有改变人本身，只是解放了人而已。我们认识这些问题的时候要保持适度的理性。

第二，法律的调整对象永远是人际关系，即人与人的关系，绝对不会出现法律调整的对象是人与机器的关系、人与 ChatGPT 的关系、人与 OPEN AI 的关系。但是从罗马法开始，就出现了法人。这是因为自然人作为唯一的法律主体存在不足。以前我审了很多论文，比如自动驾驶引起的责任主体分担的问题，包括厂商的责任，驾驶员的责任，甚至汽车作为独立的主体也负有责任。但是所有这些问题并没有改变法律调整的对象，只是法律关系发生了一些变化。

于霄的发言让我感触很深,他提出人工智能等新技术的发展,对民法的基本概念、基本原则提出了一系列挑战。我想问:这些挑战是否可以定性为挑战？能否将其理解为一种补充性的概念内容的更新？前面讲到每一个时代都要重塑自己的法学,每一个时代都有自己的法律概念、法律原则。数字时代,是否也需要把数字技术的内容转化成法律的概念和原则,把它更新到法律概念中？这是我们要做的工作。我们不应当立刻否定数字法学。我希望数字法学可以为新法学、新法学学科、法学学术开辟一个新天地,让我们能够打破工业革命以来形成的以现代西方为主体的法学学科的格局。我很希望数字法学给我们带来这个变化,但是今天我还没有看到这样的结果。

第三,大家间接讨论了法律应该研究什么。研究未来吗？未来的法治存在吗？应该基于事实研究规则,还是基于未来预测研究规则？这是法律学的问题。美国法学家霍姆斯讲过,法律的生命不在于逻辑而在于经验。一定是通过过去的经验和过去的事实制定规则,而不是通过对未来的预测制定规则,但是这也不尽然。卡多佐说,法律犹如旅行者,必须总是为第二天做好准备。这意味着任何立法都不能只看过去,不能只有反思,还必须展望未来。在这种意义上,立法也必须展望未来,也必须预见未来,这样建立的规则才有前途,才有可适用性,才有可预见性。对于立法,傅爱竹作了很好的总结,他提出了如何评价面临新技术时的立法动意,凭借这些动意需要怎么做,如何科学理性地评价,这是很重要的。这个研究报告应该作为智库成果报给全国人大,然后再公开发表。报给全国人大可以解决很多问题。因为每一届人大都有很多代表提出这样那样的立法案,全国人大常委会的法治委员会每年都要处理这些问题。处理的标准是什么？其实并不清楚,他们需要根据部门的意见作出结论。傅爱竹给他们提供了一个工具,这个研究特别有意义,智库成果为国家法治、国家立法作出了应有的贡献。

有两个方面与数字法治很相关。一方面,疫情防控期间大量使用数据,可以说,数据控制是疫情防控最有效的手段,每个人在什么地方,国家掌握得一清二楚。这就是数据的力量。数据不光是民法问题,还是行政法律问题、宪法的问题。另一方面,国家发展和疫情防控密切相关。数字法治未来也是法治的一种构想,在这种意义上,今天的研究很有意义,谢谢大家！

王静

感谢谢老师高屋建瓴的总结。

郑智航

再次感谢各位老师的参与和支持,感谢各位同学的聆听和会议服务。本次会议告一段落,期待各位老师以后再来我们这里传经送宝,谢谢大家!

(编校:于江磊)

数据产权——从两权分离到三权分置*

主讲人：周长军　山东大学法学院院长、法学院（威海）院长，教授、博士生导师

报告人：申卫星　清华大学教授、博士生导师

时　间：2023 年 9 月 15 日 18:30

方　式：山东大学（青岛校区）法学院 N526 室

周长军

各位老师、同学，大家晚上好。

我们非常荣幸地请到了清华大学法学院申卫星教授，下面我简单介绍一下申卫星老师。申卫星教授是清华大学法学院原院长，国务院政府特殊津贴专家，第七届全国十大杰出青年法学家，中国法学会网络与信息法学研究会副会长，中国计算机学会（CCF）计算法学分会副主任。申老师过去主要研究民商法，而现在的一个研究领域是数据法学，他也是国内数据法学研究的领军人物。下面我们以热烈的掌声欢迎申卫星教授作学术报告。

申卫星

非常感谢长军院长的邀请，让我有机会来到百年名校——山东大学，跟山东大学的各位同事交流我对数据产权研究的一些心得。刚刚介绍的时候也提到了，清华大学法学院为了响应国家的号召，应对信息技术的迅猛发展，结合清华大学工科特别是计算科学的优势，在 2018 年创办了法律和信

* 相关内容来自山东大学法学院数据法学高端论坛（八）。

息科技交叉的计算法学。计算法学的一个方向是数字法学。信息技术的应用引发了诸如隐私与个人信息保护、数据权属、算法规制、平台治理等一系列新兴的法律问题，我们可以将上述法律问题所涉及的领域称为数字法学。这些新兴法律问题的研究可能有两个维度：一是传统的法学理论如何延伸至信息社会、数字经济领域并加以具体化；二是传统理论面临新的问题时需要自身变革，引发法学理论的更新。不论从哪个方面来说，法律和法学始终是发展的，不会一成不变。

过去的《中华人民共和国民法通则》只有 156 条，当时我们没有当当网，也没有淘宝，因此那时不可能有关于数字经济的网上交易规则。而现在我们已经进入信息社会，如果说农业社会是熟人社会，工业社会是陌生人社会，那么信息社会就是既熟悉又陌生的社会。法律和法学的发展主要取决于技术的进步，铁器的发明使我们步入农业社会，使游牧民族稳定下来进行经营，从农业时代的丰收磨坊到要求彼此协作的社会化大生产，相应的规则自然不同。与过去相比，现在网络无处不在，一切皆可计算。在信息社会、数字经济时代，为了应对新兴技术的发展，满足法学和法律发展的需求，清华未雨绸缪，决定设立计算法学这一新学科。

今天讲的是“数据产权：从两权分离到三权分置”。众所周知，数据已经被列为继土地、劳动力、资本、技术之后的第五大生产要素。数字经济的核心要素是数据，数据是未来的燃料，但是数据的产权界定一直是数字经济发展最大的痛点、难点和堵点，因为数据的产生往往有诸多利益相关者参与。比如当你在刷抖音或者逛淘宝时会产生大量的数据，这些数据构成了平台推送商品、抖音投放广告的基础等。这些数据及其背后的利益应该如何分配，背后的逻辑是什么等问题，值得关注和研究。这实际上既是法学研究的热点，也是难点。

2022 年 12 月 19 日通过了“数据二十条”，其中数据产权、流程交易、收益分配、安全治理等都构成了未来数字经济发展的基础制度，而基础制度中的基础就是产权。数据产权最大的创新就是三权分置，对于这一概念，我们并不陌生。在农村土地产权改革中，土地所有权、土地承包权、土地经营权的三权分置模式得到了广泛应用。这种模式将土地的所有权、承包权、经营权分别赋予不同的主体，使土地的流转更加灵活，土地的使用效益也实现了最大化。借鉴这一经验，可以将数据产权中的数据所有权和数据用益权分离，再进一步将数据用益权分割，形成数据资源持有权、数据加工使用权、数据产品经营权在不同阶段的三权分置模式。对此，法学界很多人无法接受，原因是三权分置模式与既有的规范体系和学术体系无法对接。有观点认为，数据加工使用权和数据产品经营权只能算是权能，而数据资源持有权中“持有”这一概念在刑法中存在，但并未在民法中被使用。但我认为像农村土地经营权一样，所有的权利都有一个从不被认可甚至不合法到逐渐被认可、逐渐合法的典型化过程。我们应该持积极的立场和态度，而不是简单地排斥。将“数据二十条”确立的三权分置通过我们的智慧转化为现实的法律，推动数字经济的发展，这是法律人甚至整个学界应该有的贡献。

今天的报告分为四个方面：一是数据确权的必要性，二是数据赋权的基础和逻辑，三是数据产权的主体，四是数据赋权的边界。

第一，数据确权的必要性。目前实践中存在两组悖论。一方面，立法“留白”与司法“造法”。2020 年 5 月 28 日通过的《民法典》第 127 条规定，法律对数据、网络虚拟财产的保护有规定的，依照其规定。然而这一“规定”并不存在，所以这个条文被人称为“形同具文”。其实这一条文早已存在于 2017 年 3 月 15 日通过的《民法总则》，三年后的《民法典》没有任何变化，这实际上体现了立法者的保守态度。但司法中却出现了日益活跃的法官造法现象，法官在判决中创造了诸如“竞争性财产权益”等现行法中缺乏依据的新概念。另一方面，在国家立法持守正态度的同时，地方立法却日益创新。据不完全统计，已有 31 个省出台了与数据相关的条例。但地方立法面临着立法权限不足的问题。此外，中央政策的连续出台、司法实践中关于数据权属纠纷的不断涌现，都表明数据确权问题已经发展到了必须正面回应、着力解决的阶段。

目前反对数据确权的理由主要有三点。其一，互联网强调互联互通、共享共用，数据应被界定为公共物品，若对其确权会阻碍数字经济的发展；其二，确权意味着获取数据需要得到权利主体的授权，交易成本将提高，容易导致数据壁垒，带来反公地悲剧；其三，有观点认为数据自身的特性决定了其无法被确权，如数据具有无体性、非独占性、排他性和非消耗性，缺乏独立性和特定性，生成复杂但利用成本低等特性。

但是我认为上述理由并不成立，针对无体性的理由，我认为“物必有体”的概念对应着物权与债权的区分，是为了将物权客体与作为债权客体的“作为给付的行为”相区分而存在。随着时代的发展，物权客体早已不再局限于有体物，无线电频谱资源等无体物已被物权法囊括，客体的无体性并不当然地排除物权法的适用。物权法及民法虽为古老的制度，但其具有包容性和扩张性，可以将新事物纳入其统辖的范围内。缺乏独立性、特定性等问题可以通过登记制度解决。数据亦不是完全“非独占的”，大量主体在不同环节为数据的形成作出了资本、技术、劳动力等方面的贡献，若对此贡献不给予任何保护，将极大地损伤相关主体的积极性。此外，从法律技术上而言，有观点认为可以采用责任规则而非财产规则进行规制。换言之，仅在发生大规模机器爬取侵犯数据采集者或数据储存者利益时，才有必要赋予相关主体阻止他人不当获取行为、要求对方承担侵权责任的权利。但是数据确权的意义不仅在于保护，更在于促进交易和利用。只有明确数据权属，权利人才拥有通过许可、转让、入股、信托、质押融资等方式对数据进行利用的法律基础。

之所以要进行数据确权，从程序角度而言，有三点原因。其一，《民法典》第 127 条和《数据安全法》第 7 条作为引致条款都表明了立法者对数据予以保护的立场，这还需要进一步落实。《民法典》第 127 条的位置处于数项财产权规定之后，且条文将“数据”与“网络虚拟财产”并列，据此可以得出数据的保护可以采用财产权路径的结论。其二，现有立法无法解决数据确权问题。在目前的司法实践中，法院通常采用商业秘密或反不正当竞争法的相关规定处理数据权属纠纷。前者较为牵强，而后者在适用时通常使用一般条款，其中涉及的诚信原则、商业道德等判断标准弹性较大，在认定时容易产生分歧。其三，各地立法权限缺失，立法创新表述不一，违反了财产权法定原则。从实体角度而言，数据赋权有利于避免公地悲剧，促使企业走出丛林法则，鼓励技术创新创造，在数据产业贯彻“有恒产有恒心”的原则。

第二，数据赋权的基础和逻辑。首先，数据赋权要解决方法论的问题。一是建立由点到线、由线及体的层级化思维。层级化思维不同于非此即彼的分类思维，它强调概念之间的流动性。由点到线是指要将数据、信息、隐私这三“点”加以区分，同时又要注意三者之间的联系，数据作为载体可以分为内容层和符号层，信息即为数据的内容层，其中可能包含构成隐私的私密信息，因此得将三点拉成一条线进行理解。由线及体是指数据、信息、隐私三者有次序，存在“隐私权＞个人信息＞数据权利”的位阶，彼此之间互不相同又共同构成一个连续整体。二是采取“三分离、三阶段”数据确权法。三分离是指客体上要将信息和数据相分离；主体上要将为数据产生提供来源的数据来源者和对数据进行采集、存储、加工、分析等的数据处理者相分离；权利上要将数据来源者的合法权益和数据处理者对依法依规持有的数据进行自主管控的权益相分离。三阶段是指区分数据采集阶段、数据加工阶段和数据产品阶段。“数据二十条”中规定的“三权”是数据用益权在三个不同阶段的不同表现形式。

其次，在路径选择上存在信息与数据是否需要分别赋权的重大分歧。一类观点主张，用户仅对个人信息享有人格权，平台对数据享有全部产权；另一类观点认为信息和数据之间联系紧密，作为数据来源的用户当然地对数据享有所有权，但其是弱所有权。我们可以通过几个经典案例观察我国司法实践中法院对用户与平台之间权利分配问题的处理。例如，在大众点评诉百度案中，百度抓取了大众点评储存的用户点评，大众点评主张百度利用这些用户点评将实质性替代其市场地位且属“不劳而获”，最终法院根据反不正当竞争法而非侵权的规定判决大众点评胜诉。此案的问题在于，法院在适用反不正当竞争法时，对“是否遵守商业道德”的判断存在模糊性和不确定性。在新浪诉脉脉案中，法院指出第三方获取用户信息应坚持“三重授权”原则，即“用户授权＋平台授权＋用户授权”，其中平台权利基础的来源问题值得思考。在淘宝诉安徽美景信息科技有限公司案中，淘宝对数据进行加工从而形成了数据产品，法院认定淘宝享有竞争性财产利益。上述案例皆为平台与平台之间对数据权属的争议，其本质实为平台与用户对数据的权属分配之争。

第三，数据产权的主体。有观点认为平台为数据的采集、存储、加工、分析等投入了相当的劳动，适用洛克的劳动财产权理论，其应获得数据的财产权。但是从乌木之争、王老吉与加多宝之争、皮尔逊诉波斯特等经典案例中，我们可以知道“劳动创造产权”的原则仅适用于无主物，个人不仅对个人信息享有人格权，也对储存个人信息的个人数据享有财产权。

现有理论中存在三种数据赋权的模式。一为“非此即彼”，要么将数据所有权一律分配给个人，要么一律分配给企业。此种模式未遵循根据数据的来源和数据生成的贡献合理分配产权的原则。二为共有，此模式缺乏效率。三为借鉴权利分割理论，个人享有数据所有权，平台企业对其合法依规控制的数据享有数据用益权。权利分割的思想在民法中有许多应用。例如，所有权保留的分期付款买卖中，出卖人和买受人即对所有权进行了分割；土地作为生产要素在实现市场化的过程中也发生了所有权与使用权的分割。事实上，任何要素进入市场时都面临着权利的分化与制度的改革，作为第五大生产要素的数据也不例外。我赞同第三种模式，理由有以下两点。其一，个人实现了数据的从无到有，平台企业为数据生成作出了贡献，如此分配既符合逻辑又符合事实。其二，与既有的概念体系相衔接，两权分离借鉴了“自物权与他物权”“著作权和邻接权”这样传统民法制度上的“权利分离”原则。

此外，我认为个人数据所有权具有正当性。其一，数据所有权是数据使用权的基础，没有作为母权利的数据所有权，便没有作为子权利的数据使用权；其二，依据层级化思维，数据承载着信息，对数据的控制保障了对信息的控制，赋予个人数据所有权才能确保作为数据内容层的个人信息得到充分保护。进一步而言，为了避免权利主体过于分散带来的弊端，可以通过设立个人数据资产账户的方式行使个人数据所有权。

我认为数据用益权的提出有三重意义：第一，实现了用户和企业之间的权限分配；第二，调和了不同数据企业之间的利益冲突；第三，确保了平台企业对数据的支配权能和独立的权利机能。更为重要的是，数据用益权可以作为将数据资源持有权、数据加工使用权、数据产品经营权“三权”的政策性规定转换为法律权利的转换接口。“三权”是数据用益权在不同阶段的权能表现形态。在数据采集阶段，数据来源者使用设备产生数据，其为数据所有人；企业经许可对数据进行采集、处理，从而享有数据资源持有权。以数据资源持有权为基础，企业在数据元件阶段拥有数据加工使用权，可以对数据进行加工使用，将其制作为数据元件。在第三阶段，企业可以将数据元件自行制作或交易给二级开发商制作成数据产品，从而享有数据产品经营权。

两权分离的制度构造之下，数据所有权应为弱所有权，包括许可、收益、访问和可携带四项权能。有观点认为后两项权能应属于个人信息权而非数据所有权。我认为携带的客体应为数据，数据的转移必然引起以其为载体的信息一并转移，故将其作为数据所有权的权能并无问题。数据用益权则包括控制、开发、许可、变价、转让五项权能。

第四，数据赋权的边界。

第一，数据产权应受到必要的限制。一方面，数据和信息一体两面，有区分又不可割裂，对数据产权的保护应以保护个人信息、商业秘密、隐私和国家公共利益为前提。另一方面，可以类比知识产权，建立数据产权的合理使用制度、法定许可制度、强制许可制度和 FRAND 协议。

第二，数据应分类分级确权授权。数据应分为公共数据、企业数据和个人数据三种类型，一般数据、重要数据和核心数据三种级别。“数据二十条”第 4 条规定，对不承载个人信息和不影响公共安全的公共数据，按用途加大供给使用范围；用于公共治理、公益事业的数据有条件无偿使用；用于产业发展、行业发展的公共数据有条件有偿使用。第 5 条规定，发挥国有企业带头作用，引导龙头企业、互联网平台企业发挥带动作用，促进与中小微企业双向公平授权。企业既可以是数据的源发者，又可以是数据的处理者，要鼓励其探索数据授权使用新模式。第 6 条规定，个人数据承载着个人信息，应规范对个人信息的处理活动，不得采取“一揽子授权”、强制同意等方式过度收集个人信息，同时还应推动个人信息匿名化处理，建立个人数据资产账户，促进个人信息合理利用。

我们最后总结一下，将用户的数据所有权与企业的数据用益权相分离，为政策规定与法律语言找到了转化的接口：以数据用益权为“底座”，其在数据采集阶段表现为数据资源持有权，在数据加工阶段表现为数据加工使用权，制作为产品后表现为数据产品经营权。三权分置就是数据两权分离框架中的数据用益权在三个不同阶段具体权能的表现形式。

以上是我的报告，谢谢大家。

周长军

刚刚申老师对数据产权的两权分离到三权分置进行了精炼的阐释，大家听后对这一主题的核心要义应该有了足够的把握。两权分离就是个人的数据所有权和平台的数据用益权的分离，三权分置就是三个不同阶段的资源持有权、加工使用权以及产品经营权的分置，脉络和逻辑非常清晰。今天我听后受益很多，相信大家也有类似的感受，下面欢迎张平华教授点评。

张平华

我认为立法者在制定民商法规则时未将数据纳入其中，导致既有规范和数字经济之间存在巨大的裂缝，进而催生了许多新理论，对既有的理论构成了重大的挑战。近些年申老师试图在这方面作出一些突破，并且今晚向我们进行了集中展示。而我想从传统民法的角度来提出几个问题。第一，数据权利的客体。我认为《民法典》第127条的规定是明智的，条文的表达非常谨慎，体现了立法者应有的谦卑。我认为数据不是符号或数码，而是数码之外所带来的评价结论或者其他可解读、可供法律调整的利益。之所以要两权分离和三权分置，目的是打通现有民法世界和数字社会，构建相应的评价机制。第二，运用民法思维连接民法世界和数字经济的同时，要注意这种思维方式的限度。第三，民商合一和民商分离问题。商事主体间的争议以及商事主体与用户间的争议是否能融为一体，形成完整的三权分置，这也是今后研究的方向。

周长军

信息技术带来的数据生产、运用和收益问题有着广阔的理论研究空间，平华教授从传统民法原理的角度对数据权益和数据产权问题谈了自己的理解，给大家提供了另一种视角。申老师是该领域的开拓者和领军学者，就数据确权问题如何从理论上弥合与传统民法理论的鸿沟提出了建设性意见。这是未来学术研究中值得大家去倾注心力的地方，也是其魅力所在。今天我们的讲坛到此结束，期待申老师再次登临我们的讲坛，让我们以热烈的掌声感谢申老师。

（编校：张瑞斌）

信息如何塑造法律？[*]

主讲人：郑智航　山东大学法学院副院长、教授、博士生导师

报告人：李　晟　中国海洋大学法学院副院长、教授、博士生导师

时　间：2023 年 11 月 20 日 18:30

方　式：山东大学（青岛校区）法学院 N526 室

郑智航

众所周知，当下是信息时代，正处于第四次工业革命的我们进入一个新的时间节点，这意味着我们需要进行知识转型。工业革命后我们进入了工业社会，其背后是思维方式和生活方式的根本性变革，而当下我们进入以人工智能、大数据等为代表的信息时代，它是否本质上改变了我们的法律制度和法律生活？这个问题值得我们深思。今天，我们非常荣幸地邀请到中国海洋大学法学院副院长李晟老师。李晟老师在国内较早地开展了科技与法律的相关研究，这些研究是年轻人非常重要的参照。下面我把时间交给李老师，让我们再次以热烈的掌声欢迎李老师作精彩报告。

李晟

各位老师、同学，大家晚上好。非常感谢郑智航院长的邀请，很荣幸有机会来到这里同大家交流。我希望今天能够通过所讲的主题抛砖引玉。面对信息时代、数字社会的法律问题，其实年轻的同学和老师们更有研究的优势。坦率地说，我在研究时仍会在一定程度上受到传统学科的束缚，或者传

* 相关内容来自山东大学法学院法学青年论坛（九）。

统法学学术范式的影响。今天的主题一方面和数字社会、人工智能有比较密切的结合，另一方面也是一个相对传统的法律问题。

这次报告的问题意识是人工智能时代法律向何处去。面对数字时代的发展，我们除了需要关心法律如何规制技术外，也要考虑技术对法律转型的影响。从传统意义上讲，法律是一般化规则，而一般化规则是法律的基本形态和特征，当对它的深层逻辑分析和回顾后，我们可以发现实际上信息塑造了法律的规则形态。信息是对事件特定性的定位，其用于认识生活世界发生的各种具体事件。随着我们获得的信息量的增加，对事件所具有的特定性也就有更为具体的把握，在此基础上信息就具有了指引行为的功能。行为指引的特定性越强，我们对事件的把握就越具体，也就意味着我们需要更多的信息。而获取信息要消耗能量，因此我们无法不计成本地去掌握无穷无尽的信息，易言之，我们总是在有限信息的约束下进行决策。

人们之间的互动基于有限信息所形成的决策去展开，这是我们日常生活的基本秩序。我们之所以会感受到秩序感，是因为可以意识到生活有大概的确定性。我们由这一视角来理解信息对行为以及生活秩序的指引，就可以看到基于信息的角度社会变迁意味着什么。在小型社群中，人们相互间的交流、互动日益频繁和紧密，整体上降低了信息成本，易言之，我们在小型社群中获取信息更加容易。由于信息获取的成本低，我们就更易在具体场景中把握行为，进而形成期待和作出预期，这就是《无需法律的秩序》一书中提出的行为模式——心里有本账。而在大型社群中，人群会进一步分化，现代社会的典型特征是社会分工的复杂化，因此人与人之间的差异越来越多。在分化的社会中人与人之间的陌生感会变强，陌生就意味着信息成本较高。因为信息成本的约束，我们在实践中获取的信息也相对有限。因此在大型社群中，我们难以对他人的行为作出准确的预期和回应，小型社群中"无需法律的秩序"就无从实现。另一个选择是通过正式机构获得、分析信息来指引我们的行动，但这同样存在成本的约束。绝大多数国家和社会都不可能有如此高度专业化的官僚机构来获得社会各方面的信息，并且基于这些信息作出决策，指引人们的行动。这对人的行为如何更加准确、有效提出了挑战。

对此，人类社会之所以能够从小型社会进入大型社会，是由于我们具有回应社会变迁的能力，即人类心智的抽象性特征。人类最基本的思维能力是抽象，这种能力使我们能驾驭更大型的社会。我们通过抽象对事物分类和提炼特征，在此基础上创造出一般化规则。一般化规则的意义在于使信息更为经济，我们不必掌握杀人行为的具体信息，就知道其对应的法律后果。我们基于抽象的分类，无须获得更多的信息就能实现事件特定性的定位并以此为指引，从而以这种更为经济的信息方式去运行一般化规则。这种分类和抽象基于社会实践的具体运用来展开，其合逻辑性和合理性取决于信息对行为指引更有确定性和针对性。

当一般化规则形成后，我们就可以形成对行为的期望。鲁曼把这种期望分成认知期望和规范期望。认知期望是基于学习行为产生的后果达成的期望，需要通过不断地学习来获得更多的信息；而规范期望是事先存在的，我们基于有限的信息就能够把握。一般化规则能够明确地实现，只要这个规则存在，它就应该给我们带来规范期望。现代社会中形成的规范期望，是对有限信息的预测，它并不经由学习形成。我们只要知道有杀人行为，而不需要获得更多的信息，自然能确定其法律后果。所以法律规则是行为模式加法律后果，行为模式决定了无需学习而只要知道行为在一般分类意义上的信息，就知道对应的法律后果。

在社会变迁中我们经历过一次法律转型，因此如今的一般化规则并非自古如此。叔向所谓“议事以制，不为刑辟”，就是指不采用一罪一罚相对应的立法技术，而是由君主、贵族议事会、“国人”大会根据周礼和刑法进行个案处理。易言之，小型社群中“无需法律的秩序”是具体问题具体分析，不需要一般化规则。面对社会的转型、分化和陌生，我们所获得的信息相对有限，对行为的特定性的把握也越来越不充分，所以我们只能以更为经济的方式去运用有限的信息，于是就形成了一般化规则。一般化规则逐渐成为维持社会秩序的主要方式，表现为我们今天习以为常的法律概念、法律特征。法律创造了“恒纪元”，使我们更好地基于有限信息去预测自己和他人的行为，以及预测他人会如何预测我们的行为。我们的日常生活通过规范期望的设定，形成了一个大体稳定有序的状态即“恒纪元”，“恒纪元”的法律典型形态是形式理性法。

一方面，任何具体的法律判断都是将抽象的法律命题用于具体的事实情况，法律一定是抽象的一般化规则，任何具体案例都必须可以依据法律逻辑，经由抽象法律命题得出判断。法律必须构建没有漏洞的法律命题体系，或者至少是被视为无漏洞的体系，抽象化的规则相互联系。任何不能用法律术语合理解析的事物，都无法进入一般化规则中，因而也就不具备法律意义。另一方面，任何人类的社会行为都必须总是显示为法律命题的应用、执行，或者对法律命题的违反。一般化规则一定能对社会行为作出合法或非法的评价，并规定相应的法律后果。韦伯描述的形式理性法的特征，是现代法治的基本特征。形式理性法为现代社会提供了基本保障，如果没有形式理性化的法律，就无法提供足够的规范期望，在有限信息的条件下，我们就难以对行为作出合理的预期决策，人与人的互动就会变得无序。同样的法律行为在不同的时空条件下应该都能够获得同等的对待，同样的法律行为引起的法律关系，需要适用同样的规则，即同案同判。这种同案同判就是形式理性化的法律表现出来的基本特征，使我们的社会能够以一种更加抽象的秩序去运转，使人们能够更好地预期在社会当中如何行为。形式理性化法律的价值在于对行为预期的稳定化和一般化，从而为法律权威提供了正当性基础。

"恒纪元"的维持可以从法教义学和法经济学两个维度进行解释。一方面，法教义学主张概念、解释与理念的规则体系，我们仅需要依据现有规则包含的信息即可作出永恒决策。另一方面，法经济学主张通过模拟市场定价机制进行分析，假定经济学中的理性人可以为我们提供充足信息，指导我们依据市场规律作出永恒决策。公开、稳定、清晰的形式理性利于法律抽象出一般化规则，使人们可以对自身和他人的行为作出合理预期，从而实现认知期望和规范期望的良性互动。

"恒纪元"也并非完美无缺，一般化规则的坚持可能会带来官僚主义、形式主义等问题，在生活中带来冲突和矛盾。为了解决这一问题，一般化规则的细化和完善过程中又区分出了规则和标准。信息成本的约束决定了规则和标准的区分，如果信息能具体运用到场景中，适用标准就可以替代规则，在一般化规则创造出来的形式理性化法治中规定一些标准，就可以解决一般化规则和生活世界的区隔带来的矛盾和问题。从这一角度讲，一般化规则创造了现代法治的基本框架，但仍有一定的标准存在。标准的存在意味着我们需要掌握更多的信息，具体问题具体分析，真实的法律是规则和标准在一定比例的组合中建构起来的。标准存在一定的模糊性，更加重要的问题是标准的适用需要纳入哪些信息。这取决于信息给现实世界中的行为指引带来的影响，规则和标准的区分仍然受到信息的约束。

信息技术在现代社会中的应用使我们获取信息的手段、处理信息的能力有了根本性的变化。反映到法律中则是法律和信息技术相结合，从而使得对具体行为在具体场景中的干预更加准确和高效。这实际上改变了传统法律适用的形式和特征，未来法律对规则和标准的区分可能不再重要，因为规则和标准按照波斯纳的区分就是需要多少信息。当获得的信息足够多时，就不需要去区分法律是要制定规则还是制定标准了，而是通过所谓的微指令就能实现规则和标准的融合乃至使其消亡。未来法律将呈现出更为精细化的趋势，微指令将会成为法律的主要形式，在具体的行动中针对个人形成特定性规则；个性化的法律也将成为可能，因为其所具有的精细和高效可能较于一般化的法律更有优势，能够更好地实现法律的功能。

法律是一个经典、古老的问题。我们认为法律是一般化规则，但实际上法律是基于我们对现代社会的理性化、抽象化生活秩序的需求逐渐发展出来的，不是自古以来即如此。从信息的视角来看，法律演化的特征是一般化规则和个性化规则的此消彼长，早期的法律是个性化的，后来随着社会的现代化，一般化规则越来越多，未来个性化规则也许会再度兴起。法律上作为法律主体的人其实是现代社会发明发展到一定阶段的产物，并非自古以来我们对个体的认知和把握始终如此。比如早期的《罗马法》中法律主体是家族，个人没有法律权利和义务，而是家族中的组成部分。我们可以想象在未来社会中，在我们身上接入的智能设备，是个人的一个组织，还是其具有法律上的独立性？我们进一步思考，一般化规则基于逻辑上的因果关系，针对同等类型的行为，规定同等类型的法律后果。而个性化的规则表现的是概率上的分析，是一种相关性考量，而非逻辑上的因果性。当然，上述分析目前还未真实发生。

这就是我今天想和各位老师、同学交流分享的想法，希望各位批评指正，谢谢。

郑智航

非常感谢李晟老师的精彩报告，下面有请青岛科技大学的李鑫老师与谈。

李鑫

很高兴回到母校，感谢郑院长的邀请，也非常荣幸能够作为李晟教授的与谈人。

在大数据、人工智能时代，一个很重要的问题是一般化和个性化的此消彼长，对此我可以提供三个场景供大家思考。第一，《中华人民共和国消费者权益保护法》规定了对消费者的信息披露，目前信息披露的内容仅限于产品质量等一般性规定，无法满足消费者的个人需求，因为消费者对信息披露的需求点可能并不一样。第二，隐私权的保护问题。隐私权的基本概念是保护个人的安宁，但是随着大数据、人工智能时代的到来，新技术场景应用已经突破了传统上的安宁权保护问题。第三，在此背景下，强奸幼女的判决条款中关于幼女的判断标准问题，以年龄作为一般化的标准还是否合适？

谢谢大家。

郑智航

感谢李老师，下面有请宋保振老师与谈。

宋保振

同学们好，今天参加李老师的讲座，有两个比较深的体会。

一是理论性，正如李老师在这次报告中展现的，从法教义学与法经济学两个角度阐释社会变迁中法律是如何随之转型并创造和维持“恒纪元”的。对于数字法学的研究，我们需要重视传统理论的积淀和运用。二是体系性。在数字法学研究中要高度重视研究的体系性，由点及线再到面。这是我的学习体会，谢谢大家。

郑智航

李老师的报告让我们收获很多，刚开始看这个题目时，我以为是从信息和科技的角度来考虑这个问题，但是他今天讲的是更为基本的关于法律发展的问题。第一，信息在塑造法律的过程中，观念、组织架构等如何影响信息的生产、传播以及其内涵的演变，从而形成不同的文明结构形态，这个问题需要进一步考虑。因为信息和法律的关系，并不是单向而是互动的关系，若对这一问题疏于考虑，就很难解释法律的地方性问题。第二，李晟教授报告的内容对当下数字法学的研究具有重要意义，对我们了解数据、信息的基本概念十分有帮助。第三，除了信息的形式问题，信息的生产机制问题也需要我们进一步思考。

我们今天的报告到此结束，再次感谢李老师精彩的报告，感谢李鑫老师和宋保振老师精彩的评论。谢谢大家！

（编校：张瑞斌）